BAND 55 DER EDITION LYRIK KABINETT

Herausgegeben von Michael Krüger, Holger Pils und Piero Salabè
Gegründet von Ursula Haeusgen

Yusef Komunyakaa

Der Gott der Landminen

Gedichte

Zweisprachig

Aus dem Englischen
und mit einem Nachwort
von Mirko Bonné

Hanser

Für meine Töchter und Enkeltochter
Kimberly, Shoshana und Imani

I Talking Dirty to the Gods

I   Zoten für die Götter

Homo erectus

After pissing around his gut-level
Kingdom, he builds a fire & hugs
A totem against his chest.
Cheetahs pace the horizon

To silence a grassy cosmos
Where carrion birds sing
Darkness back from the hills.
Something in the air, quintessence or rancor,

Makes a langur bash the skull
Of another male's progeny.
The mother tries to fight him off,
But this choreographer for Jacob

& the Angel knows defeat
Arrives in an old slam dance
& applied leverage—the Evening Star
In both eyes, something less than grace.

Homo erectus

Genug herumgepisst in seinem Reich
Aus-dem-Bauch-heraus, macht er Feuer
& drückt sich ein Totem an die Brust.
Geparden schreiten den Horizont ab,

Einen Graskosmos totzuschweigen,
Wo Aasvögel die Dunkelheit
Zurücksingen aus den Hügeln.
Etwas ist in der Luft, Quintessenz oder Groll,

Schon haut ein Langur dem Spross
Eines anderen auf den Schädel.
Die Mutter versucht ihn abzuwehren,
Nur weiß dieser Choreograf für Jakob

& den Engel, die Schlappe
Zeigt sich in altem Slam-Dance
& angewandter Hebelwirkung – der Abendstern
In beiden Augen, nicht gerade voll Gnade.

Night Ritual

The spotted hyena
Dances, her mock penis
Aimed at the moon. A mile away
A king cobra flares its hood

& strikes a lion. He kneels
Under a pendulous firmament as the venom
Takes hold. She's graceful, nimbused,
Leading her quarrelsome legion. Eyes

Flicker like stars along the timberline,
Yellow lights through grass,
& Botswana turns under their single-minded
Creed. They try to outrun luscious

Blood, till they're a tussle
Of moonlight. She's the first to sink
Teeth into the lion's belly, & yanks
With all the strength gods entrusted to her.

Nachtritual

Die Tüpfelhyäne tanzt,
Ihr Pseudoglied zielt auf
Den Mond. Weit weg spreizt
Eine Königskobra ihre Haube

& beißt einen Löwen. Er kniet
Unter Hängegestirnen, als das Gift
Zupackt. Sie hat Anmut, Nimbus,
Führt ihre zänkische Legion. Augen

Flackern wie entlang der Baumgrenze
Sterne, gelbe Lichter durch Gras,
& Botswana rotiert unter ihrem unbeirrbaren
Credo. Sie wollen das köstliche Blut

Ausstechen, bis sie ein Mondschein
-gerangel sind. Sie senkt als Erste
Die Zähne in den Löwenwanst & reißt
Mit aller ihr anvertrauten Kraft der Götter.

Ode to the Maggot

Brother of the blowfly
& godhead, you work magic
Over battlefields,
In slabs of bad pork

& flophouses. Yes, you
Go to the root of all things.
You are sound & mathematical.
Jesus Christ, you're merciless

With the truth. Ontological & lustrous,
You cast spells on beggars & kings
Behind the stone door of Caesar's tomb
Or split trench in a field of ragweed.

No decree or creed can outlaw you
As you take every living thing apart. Little
Master of earth, no one gets to heaven
Without going through you first.

Ode an die Made

Bruder der Schmeißfliege
& Gottheit, dein Zauber dringt
Über Schlachtfelder,
In Gammelfleischscheiben

& Absteigen. Ja, du
Packst alles bei der Wurzel.
Du bist gründlich & mathematisch.
Jesus Christus, du bist gnadenlos

Bei der Wahrheit. Ontologisch & licht,
Bist du der Fluch für Bettler & König
Hinterm Steintor von Caesars Grab &
Grabenstück im Feld voll Traubenkraut.

Kein Gesetz, keine Macht kann dich entmachten,
Da du alles, was lebt, auseinandernimmst. Kleiner
Beherrscher der Erde, in den Himmel kommt
Keiner, ohne dass erst du ihn überkommst.

Slime Molds

They're here. Among blades
Of grass, like divided cells.
Between plant & animal. Good
For nothing. In a rainstorm, spores

Glom together. Yellow-white
Pieces of a puzzle. Unable to be
Seen till united. Something
Left over from a world before—

Beyond modern reason. Primeval
Fingers reduced & multiplied
A hundredfold, the most basic
Love & need shaped them into a belief

System. The color of scrambled eggs.
Good for something we never thought
About, these pets of aliens crawl up
The Judas trees in bloom.

Schleimpilze

Sie sind hier. Zwischen Gras
-halmen, wie geteilte Zellen.
Zwischen Pflanze & Tier. Gut
Zu nichts. Bei einem Regenguss

Verklumpen Sporen. Gelbweiße
Teile eines Puzzles. Unsichtbar,
Bis sie vereint sind. Etwas, das
Übrig ist von einer Welt von früher –

Jenseits moderner Vernunft. Ur
-finger, verringert & vervielfacht
Ums Hundertfache, grundlegendste
Liebe & Bedürftigkeit formte aus ihnen ein

Glaubenssystem. Die Farbe von Rührei.
Gut zu etwas, woran wir nie dachten,
Kriechen diese Haustiere von Aliens
Die blühenden Judasbäume hinauf.

Sloth

If you're one of seven
Downfalls, up in your kingdom
Of mulberry leaves, there are men
Betting you aren't worth a bullet,

That your skin won't tan into a good
Wallet. As if drugged in the womb
& limboed in a honeyed languor,
By the time you open your eyes

A thousand species have lived
& died. Born on a Sunday
Morning, with old-world algae
In your long hair, a goodness

Disguised your two-toed claws
Bright as flensing knives. In this
Upside-down haven, you're reincarnated
As a fallen angel trying to go home.

Faultier

Falls du einer bist von sieben
Stürzen, oben in deinem Königreich
Aus Maulbeerblättern, gibt es Menschen,
Die wetten, du wärst keine Kugel wert,

Da deine Haut sich nicht genug bräune
Für eine gute Brieftasche. Als hätte man
Dich im Mutterleib unter Drogen gesetzt
& hängen lassen in honigsüßer Ermattung,

Öffnest du die Augen, haben inzwischen
Tausend Spezies gelebt & sind ausgestorben.
Geboren an einem Sonntagmorgen, mit Alte
-Welt-Algen im langen Haar, wurden deine

Wie Flensmesser glänzenden Zweizehen
-klauen durch Gutartigkeit getarnt. In dieser
Überkopfzuflucht wirst du wiedergeboren als
Gefallener Engel, der heimzukommen versucht.

Scapegoat

The alpha wolf chooses his mate
For life, & the other she-wolves
Stare at the ground. Yellowish
Light drains from notorious eyes

Of the males, stealing their first
& last sex. The pack's outcast,
The albino we humans love,
Whimpers, wags his tail,

& crawls forward on his belly.
He never sleeps at night.
After pacing down thorny grass
Where the alpha male urinated,

A shadow limps off among the trees.
Already sentenced into wilderness,
As if born wounded, he must stand
Between man & what shines.

Sündenbock

Der Alphawolf erwählt sein Weibchen
Fürs Leben, & die anderen Wölfinnen
Starren zu Boden. Gelbliches Licht
Entweicht den notorischen Augen

Der Männchen & raubt ihnen ersten
& letzten Sex. Der Outcast des Rudels,
Der Albino, den wir Menschen lieben,
Wimmert, wedelt mit dem Schwanz

& kriecht auf dem Bauch vorwärts.
Er schläft nachts nie.
Entlanggetrottet Gras voll Dornen,
Wo das Alphamännchen uriniert hat,

Hinkt ein Schatten durch die Bäume davon.
Schon verurteilt dazu, in der Wildnis zu leben,
Als wäre er von Geburt an verwundet, muss er
Zwischen Mensch & dem stehen, was leuchtet.

Venus of Willendorf

She's big as a man's fist,
Big as a black-pepper shaker
Filled with gris-gris dust,
Like two fat gladiolus bulbs

Grown into a burst of twilight.
Lumpy & fertile, earthy
& egg-shaped, she's pregnant
With all the bloomy hosannas

Of love hunger. Beautiful
In a way that forces us to look
At the ground, this squat
Venus in her braided helmet

Is carved from a hunk of limestone
Shaped into a blues singer.
In her big smallness
She makes us kneel.

Venus von Willendorf

Sie ist groß wie eine Männerfaust,
Groß wie ein Schwarzpfefferstreuer,
Gefüllt mit seinem Gris-gris-Staub,
Zwei dicken Gladiolenknollen gleich,

Aufgelodert in ein Dämmerlicht.
Pummelig & fruchtbar, erdschwer
& eiförmig, geht sie schwanger
Mit all den blumigen Hosiannas

Des Liebeshungers. Schön auf eine
Weise, die uns zwingt, zu Boden
Zu blicken, wurde diese gedrungene
Venus mit ihrem betressten Helm

Aus einem Kalksteinbrocken gehauen
& geformt zur Blues-Sängerin.
Vor ihrer großen Kleinheit
Gehen wir auf die Knie.

Slaves among Blades of Grass

The Amazon ants dispatch
Scouts armed with mandibles
Sharp as sabers. They return
To drum each other's heads

With antennae, & then send out
Columns of warriors to surround a nest
& abduct pupae. As if made for battle,
With jaws so deadly they can't feed

Themselves, they possess slaves.
New blades of grass beaded with water
Light a subkingdom beneath
Shadowed footsteps where the sky

Meets indiscernible green of river
& jungle, in this terrain
Where a world is dismantled
To make something else look whole.

Sklaven unter Grashalmen

Die Amazonasameisen entsenden
Aufklärer, bewaffnet mit säbelscharfen
Mandibeln. Sie kehren zurück, trommeln
Sich gegenseitig auf die Köpfe mit ihren

Fühlern & schicken darauf Kolonnen
Von Kriegern aus zu Nestumzingelung
& Puppenraub. Wie gemacht zu Kampf,
Mit Kiefern, zu tödlich, um sich selbst

Füttern zu können, halten sie Sklaven.
Neue Grashalme, von denen Wasser
Abperlt, erhellen ein Unterreich unter
Schattigen Fußspuren, wo der Himmel

Auf ununterscheidbares Grün im Fluss
& Dschungel trifft, in diesem Terrain,
Wo eine Welt zergliedert wird,
Damit etwas anderes heil erscheint.

Meditations on
a Thumbscrew

This can make hard men
Confess to how much water
They're made of: the saliva
It takes to polish river stones

Into a levee song. Which godhead
Did someone steal this blueprint
From in a dream? The blind prisoner
Who refused to draw a circle in dust

Around his executioner, he knew
What the Latin verb *pollere* meant
To the Greeks who said *anticheir*
(Another hand). But that was before

Ovid used the gods as punch lines,
When they were still in the trees
& hadn't yet climbed down
To curse the human thumb.

Betrachtungen über
eine Daumenschraube

Dadurch zwingt man harte Kerle,
Zu gestehen, aus wie viel Wasser
Sie gemacht sind: dem Speichel,
Der nötig ist, um aus Flusssteinen

Ein Deichlied zu polieren. Welche
Gottheit stahl jemandem im Traum
Diesen Bauplan? Der blinde Häftling,
Der sich weigerte, im Staub einen Kreis

Um seinen Henker zu ziehen, wusste,
Was das lateinische Verb *pollere* für
Die Griechen bedeutete, die *anticheir*
(Andere Hand) sagten. Nur war das ehe

Ovid die Götter als Pointen benutzte,
Als sie oben in den Bäumen saßen
& noch nicht hinuntergeklettert waren,
Der Menschen Daumen zu verfluchen.

Ode to Dust

It speaks when the anonymous
Tongue of each feather & leaf
Quivers, swearing that nothing's changed
As we touch tables & lampshades.

We breathe it in as if something
Is always beginning beneath the ruins
& perennials, mending skin under
The surface. Even the slow patina

Of the quietest lesson takes hold
Of Gudea's *Architectural Plans*,
Working while we sleep.
As if conjured by regret,

It lives on the imagination
Of all-night ghosts, like the worm
Brought forth from the feminine
Temples of wood & apple.

Ode an den Staub

Er spricht, sobald die anonyme
Zunge jeder Feder & jedes Blatts
Bebend schwört, nichts habe sich verändert,
Berührten wir Tische & Lampenschirme.

Wir atmen ihn ein, als finge unter
Ruinen & Stauden immer etwas an,
Das unter der Oberfläche die Haut
Heilt. Ja seine langsame Patina

Der stillsten Lektion erfasst selbst
Gudeas *Architektonische Pläne*,
Am Werk, während wir schlafen.
Wie beschworen vom Bedauern,

Lebt er von der Vorstellung stets
Nächtlicher Geister, wie der Wurm,
Hervorgebracht von den weiblichen
Huldigungsstätten Holz & Apfel.

The Business of Angels

I don't know, can't say when they first
Shook hips like rock stars
& uprooted. Maybe they stole
Flight from Nike of Samothrace

& the altar of Zeus at Pergamum,
Or modeled after the winged god
On a silver coin from Peparethus.
Do you think an angel is nothing

But an idea grafted to a shadow
As monsters sprout from foreheads,
Feathered to muffle sacred blows?
I don't remember weighing a stone

With a blackbird's broken wing,
But I know when the question flew
Into my head I was standing here
At the kitchen window drying dishes.

Die Geschäftigkeit der Engel

Keine Ahnung, wann sie wohl zum ersten Mal
Wie Rockstars die Hüften schwangen
& entwurzelt waren. Vielleicht stahlen sie
Das Fliegen von der Nike von Samothrake

& dem Zeusaltar in Pergamon, oder sie
Empfanden den geflügelten Gott nach
Auf einer Silbermünze aus Peparethos.
Glaubst du, ein Engel ist nichts als eine

Vorstellung, einem Phantom aufgepropft,
Ganz so wie Ungeheuer Stirnen entsteigen,
Gefiedert, um heilige Hiebe zu dämpfen?
Ich weiß nicht, wog ich je einen Stein auf

Mit einem gebrochenen Amselflügel, doch
Ich weiß, als mir die Frage durch den Sinn
Schwirrte, da stand ich gerade hier am
Küchenfenster & trocknete Geschirr ab.

Lust

If only he could touch her,
Her name like an old wish
In the stopped weather of salt
On a snail. He longs to be

Words, juicy as passion fruit
On her tongue. He'd do anything,
Dance three days & nights
To make the most terrible gods

Rise out of ashes of the yew,
To step from the naked
Fray, to be as tender
As meat imagined off

The bluegill's pearlish
Bones. He longs to be
An orange, to feel fingernails
Run a seam through him.

Lust

Wenn er sie nur berühren könnte,
Ihr Name wie ein uralter Wunsch
In der getrockneten Salzwitterung
Auf einer Schnecke. Es sehnt ihn,

Wörter zu sein, saftig wie Passions
-frucht auf ihrer Zunge. Er täte alles,
Drei Tage & Nächte lang tanzen,
Um die grässlichsten Götter aus

Eibenasche erstehen zu lassen,
Herauszutreten aus dem nackten
Getümmel, um so zart zu sein wie
Fleisch, weggedacht von den Perl

-muttgräten des Blauen Sonnen
-barschs. Es sehnt ihn, Orange
Zu sein, Fingernägel zu spüren,
Die ihn mit einer Naht versehen.

Ecstatic

Joy, use me like a whore.
Turn me inside out like Donne
Desired God to do with him.
Show me some muscle,

Sunlight on black stone.
Coldcock me about the head
Till I moan like a bell, low
As the one Goya could hear

Through the walls of
Quinta del Sordo.
Tie me up to the stocks those Puritans
Handled so well in Boston streets.

Don't let me down. I beg
You to use all your know-how
In one throttle. Please, good God,
Put everything into your swing.

Ekstatisch

Freude, mach mich zur Hure.
Stülp mich um, so wie Donne
Für sich es von Gott wollte.
Zeig mir die Muskeln, die

Sonne auf schwarzem Stein.
Hau mir auf den Schädel, bis
Ich stöhne wie eine Glocke, tief
Wie die, die Goya hören konnte

Durch die Wände der
Quinta del Sordo.
Gib her die gut gehenden Aktien dieser
Puritaner in den Straßen von Boston.

Enttäusch mich nicht. Bitte,
Nutz dein ganzes Knowhow
& gib Speed. Gott, bring's,
Alles in deinen Swing.

Meditations on a File

I weigh you, a minute in each hand,
With the sun & a woman's perfume
In my senses, a need to smooth
Everything down. You belong

To a dead man, made to fit
A keyhole of metal to search
For light, to rasp burrs off
In slivers thin as hair, true

Only to slanted grooves cut
Across your tempered spine.
I'd laugh when my father said
Rat-tail. Now, slim as hope

& solid as remorse
In your red mausoleum,
Whenever I touch you
I crave something hard.

Betrachtungen über eine Feile

Ich wieg dich, eine Minute in jeder
Hand, die Sonne & den Duft einer
Frau im Sinn, ein Bedürfnis, alles
Platt zu schmirgeln. Du gehörst

Einem Toten, wurdest gemacht,
Damit durchs metallene Schlüsselloch
Licht findet, um Grate abzuraspeln
In härchenfeinen Splitterchen, treu

Nur schrägen, über dein gehärtetes
Rückgrat geschnittenen Kerbungen.
Früher lachte ich, sagte mein Vater
Rattenschwanz. Berühr ich dich

Jetzt bloß, so hager wie
Die Hoffnung & fest wie Reue
In deinem roten Mausoleum,
Muss sofort was Hartes her.

The God of Land Mines

He sits on a royal purple cushion
Like a titanic egg. Dogs whimper
& drag themselves on all fours through dirt
When a breeze stirs his sweet perfume.

He looks like a legless, armless
Humpty-Dumpty, & if someone waves
A photo of an amputee outside the Imperial
Palace in Hue, he'd never blink.

When he thinks *doors*, they swing open.
When dust gushes on the horizon
His face is a mouthless smile.
He can't stop loving steel.

He's oblong & smooth as a watermelon.
The contracts arrive already signed.
Lately, he feels like seeds in a jar,
Swollen with something missing.

Der Gott der Landminen

Er sitzt auf einem königlichen Purpurkissen
Gleich einem titanischen Ei. Hunde winseln
& kriechen auf allen Vieren durch den Dreck,
Wühlt nur eine Brise seinen süßen Duft auf.

Er sieht aus wie ein beinloser, armloser
Humpty-Dumpty, & zeigte jemand ein Foto
Von einem Amputierten vorm Kaiserpalast
In Hue, würde er nie auch bloß blinzeln.

Wenn er *Türen* denkt, schwingen sie auf.
Wenn am Horizont Staub aufwirbelt,
Ist sein Gesicht mundloses Lächeln.
Er kann nicht anders, er liebt Stahl.

Er ist oval & glatt wie eine Wassermelone.
Die Verträge kommen bereits unterschrieben.
Unlängst fühlt er sich wie Samen unter Glas,
Die anschwellen, weil ihnen etwas fehlt.

Postscript to a Summer Night

As if he'd stood too long facing
A pharaoh in the Temple of Karnak
Or Hermes of Siphnos, one night
J. R. Midas copied his penis

On the company's Xerox machine,
Lying across a bed of hot light.
He was thirty-three, still half
Invincible, & scribbled on each: *I am*

On fire with love, & all the more fire
Because I am rejected ... He x-ed out
Galatea, & wrote in names of the two
New district managers: *Melissa, Amy*

Lou. He hung his coat & tie on a hook,
Then strolled down to the docks
& walked under an orange moon
Till his clothes turned to rags.

Postskriptum zu einer Sommernacht

Als hätte er zu lange vor einem Pharao
Im Tempel von Karnak gestanden oder
Dem Hermes von Siphnos, vervielfältigte
J. R. Midas eines Nachts seinen Penis

Quer auf einem heißen Lichtbett liegend,
D. h. auf dem Xerox-Kopierer der Firma.
Er war drei & dreißig, noch immer halb
Unbesiegbar, & kritzelte auf jeden: *Ich bin*

Entflammt vor Liebe & umso entflammter,
Da man mich abweist … Durchgestrichen
Galatea, fügte er die Vornamen der beiden
Neuen Bezirksleiterinnen ein: *Melissa, Amy*

Lou. Er hängte Mantel & Schlips an einen
Haken, lief dann hinunter zu den Werften
& weiter unter einem orangeroten Mond,
Bis alles, was er anhatte, Lumpen war.

September

Today, somewhere, a man
In his early seventies is lost
In a cluster of hills at dusk,
Kneeling beside a huckleberry bush.

It's been six—no, seven—days
Since he stood at his kitchen window
Gazing out toward this summit
As Armstrong's »Gully Low Blues«

Played on his Philco, hoping
The hot brass would undercut
The couple's techno & punk rock
In the basement. Two days ago,

He ate the last trail mix & beef
Jerky. Now, with a blues note in his head,
He nuzzles the berried branches
To his mouth, like a young deer.

September

Irgendwo verirrt sich heute ein Mann
Anfang siebzig bei Anbruch der Nacht
In einer Hügellandschaft & kniet dann
Dort neben einem Heidelbeerstrauch.

Sechs – nein sieben – Tage ist es her,
Seit er an seinem Küchenfenster stand
& auf diesen Gipfel blickte, während
Armstrongs »Gully Low Blues« dudelte

Auf seinem Philco, wobei er hoffte,
Die heißen Blechbläser graben dem
Techno- & Punkrock des Pärchens im
Keller das Wasser ab. Vor zwei Tagen

Aß er das letzte Studentenfutter &
Trockenfleisch. Jetzt, im Kopf einen
Blues, schiebt er sich Beerenzweige
Vor das Maul wie ein junger Hirsch.

Crow Lingo

Can you be up to any good
Grouped into a shadow against Venus,
Congregated on power lines around
The edges of cornfields?

Luck. Curse. A wedding.
Death. I have seen you peck
Pomegranates & then cawcawcaw
Till hornets rise from purple flesh

& juice. I know you're plotting
An overthrow of the government
Of sparrows & jays, as the high council
Of golden orioles shiver among maple

& cottonwood. Your language
Of passwords has no songs,
No redemption in wet feathers
Slicked back, a crook's iridescent hair.

Krähenjargon

Ob ihr wohl irgendwas Gutes im Sinn habt,
Zusammengerottet zum Schatten vor der Venus,
Versammelt auf Stromleitungen entlang
Den Rändern von Maisfeldern?

Glück. Fluch. Eine Hochzeit.
Tod. Ich habe euch Granatäpfel
Zerhacken sehen & dann krahkrahkrah,
Bis Hornissen auffliegen aus lila Fleisch

& Saft. Ich weiß, ihr plant
Einen Umsturz der Regierung
Der Spatzen & Eichelhäher, während
Der Hohe Rat der Pirole bibbert in Ahorn

& Schwarzpappel. Eure Sprache
Aus Passwörtern kennt keine Lieder,
Keine Erlösung im zurückgekämmten
Nassen Gefieder, Gelfrisur eines Ganoven.

Mud

She works in the corner of the porch
Where a trumpet vine crawls up to falling
Light. There's always some solitary
Bridge to cross. Right hand

& left hand. The dirt dauber
Shapes a divided cell
Out of everything she knows,
Back & forth between the ditch.

I could take a stick & play
God. Soldier. Sadist. Nosing
Mud into place, she hums the world's
Smallest motor. Later, each larva

Quivers like bait on a hook … spermatozoa
Clustered in a song of clay. So small
Only the insignificance can begin
To fill the afternoon.

Dreck

Sie werkelt in der Ecke der Veranda,
Wo eine Goldtrompete hinauf ins sinkende
Licht kriecht. Immer gibt es irgendwo eine
Verlassene Brücke zu überqueren. Rechts

& links. Der Schmutzspritzer
Formt eine geteilte Zelle
Aus allem, was sie kennt,
Hin & her zwischen dem Graben.

Ich könnte einen Stock nehmen &
Gott spielen. Soldat. Sadist. Den Dreck
In der Nase, summt sie ähnlich dem welt
-kleinsten Motor. Später zittert jede Larve

Wie Köder am Haken ... Spermien, zusammen
-geballt in einem Lied vom Lehm. So klein
Kann nur Bedeutungslosigkeit beginnen,
Den Nachmittag auszufüllen.

II Taboo

II Tabu

Lingo

Herodotus, woven into his story,
    tells how the Phoenicians lent
        war fleets to Greece & Egypt,

how a ghost-driven flotilla
    eased like salmon up birth water
        & sailed the Red Sea,

hoping to circumnavigate Africa
    around the Cape of Good Hope
        & along Gibraltar. A blue

door opened. Diodorus
    says of the Ethiopians,
        »born under the Sun's path,«

that »its warmth may have ripened them
    earlier than other men.« As if
        a ventriloquist inherited

the banter of a sailor's parrot,
    words weave with Herodotus's—
        angel food ... sellers didn't touch

the gold ... devil's food. The stories
    become flesh as these ghosts
        argue about what's lost

in translation, believing two images
    should spawn & ignite a star
        in the eyes of a sphinx

Kauderwelsch

Herodot, verstrickt in seine Geschichte,
    erzählt, wie die Phönizier Kriegsflotten
        Griechenland & Ägypten ausliehen,

wie eine geisterhaft angetriebene Flottille
    lachsgleich leicht durch ihre Heimat
        -gewässer & ins Rote Meer segelte,

um mit dem Kap der guten Hoffnung
    & vorbei an Gibraltar ganz Afrika
        zu umrunden. Eine blaue

Tür öffnete sich. Diodor
    sagt von den Äthiopiern,
        »geboren unterm Sonnenpfad«,

habe »dessen Wärme sie wohl früher
    gereift als andere Menschen.« Als hätte
        ein Bauchredner das Geplapper

eines Matrosenpapageien nachgeahmt,
    schwatzt Herodot von *Engelsnahrung* …
        Verkäufer haben's nicht angefasst …

Gold … Teufelsnahrung. Die Geschichten
    werden Fleisch, sobald diese Geister
        darüber streiten, was verloren geht

in der Übersetzung, & glauben, zwei
    Bilder sollten einen Stern entzünden
        & anfachen in den Augen einer Sphinx

or soothsayer. Sometimes they do.
There's a reason why the dead
may talk through a medium

about how Aryans drove cattle
along the seven rivers & left
dark-skinned Dravidians

with tongues cut out, sugarcane
fields ablaze, & the holy air
smelling of ghee & soma.

These ghosts know the power
of suggestion is more than body
language: white list, black

sheep, white tie, black market.
Fear climbs the tribal brainstem
or wills itself up an apple tree,

hiding from the dream animal
inside. The serpent speaks
like a Lacan signifier,

posing as a born-again agrarian
who loves computer terminals
better than cotton blossoms

planted, then we wail to reap
whirlwind & blessing. Each prefix
clings like a hookworm

inside us. If not the split-tongued
rook, the sparrow is condemned
to sing the angel down.

oder Wahrsagerin. Manchmal tun sie's.
Es gibt einen Grund, warum die Toten
mitunter durch ein Medium sprechen,

davon, wie entlang der sieben Flüsse
Arier Vieh trieben & dunkelhäutige
Draviden mit herausgeschnittenen

Zungen zurückließen, in Brand gesteckt
Zuckerrohrfelder & in der heiligen Luft
Geruch von Butterfett & Soma.

Diese Geister wissen, dass die Macht
der Andeutung mehr ist als Körper
-sprache: weiße Liste, schwarzes

Schaf, weißer Frack, Schwarzmarkt.
Angst erklimmt den Stammeshirnstamm
oder zwingt sich einen Apfelbaum hinauf,

um sich vor dem Traumtier im Inneren
zu verstecken. Die Schlange spricht
wie ein Lacan'scher Signifikant

& mimt den wiedergeborenen Agrarier,
dem Computerterminals besser liegen
als angepflanzte Baumwollblüten,

woraufhin wir beklagen, Wirbelwind
& Segen zu ernten. Jedes Präfix
hängt wie ein Wurm am Haken

in uns. Hemmt nicht der Zungenspalt
die Krähe, ist der Spatz verdammt,
den Engel zu Boden zu singen.

Imhotep

His forehead was stamped, *Administrator*
    of the Great Mansion. Unloved in the
        Crescent City, I sat in a bathtub

clutching a straight razor.
    Desire had sealed my mouth
        with her name. I asked,

What do full moons & secret herbs
    have to do with a man's heartache?
        But this sage from the island of Philae

just smiled. Here before me stood the Son
    of Ptah. Dung beetles & amethyst ...
        cures for a mooncalf,

flaccidity, bad kidneys, gout,
    & gallstones. What we knew
        about the blood's map

went back to the court
    of King Zoser. Something
        beneath this April dream

scored by voices passing
    outside my front door, a rap song
        thundering from a boogie box.

I wasn't dead. This Homeric healer
    from the Serapeum of Memphis
        lingered in the room.

Imhotep

Seine Stirn war bestempelt mit *Verweser*
    des Herrschersitzes. Ungeliebt in der
        Mondsichelstadt, saß ich in einer Wanne,

in der Hand ein Rasiermesser.
    Vor Sehnsucht war mein Mund versiegelt
        mit ihrem Namen. Ich fragte:

Was haben der Vollmond & Geheimkräuter
mit eines Mannes Herzweh zu tun?
    Aber dieser Weise von der Insel Philae

lächelte nur. Hier vor mir stand der Sohn
    des Ptah. Mistkäfer & Amethyst …
        Heilmittel für ein Mondkalb,

Schlaffheit, Nierenschwäche, Gicht
    & Gallensteine. Was wir wussten
        über die Karte des Blutes,

ging zurück an den Hof
    von König Djoser. Etwas
        unterhalb dieses Apriltraums,

zerkratzt von Stimmen draußen
    vor meiner Tür, das Gedonner eines
        Rap-Songs aus einer Boogie-Box.

Ich war nicht tot. Dieser homerische Heiler
    aus dem Serapeum von Memphis
        lungerte bei mir herum.

I folded the bright blade
       back into its mother-of-pearl
             handle, & laughed at the noise

in the street, at a yellow moth
       beating wings into dust
             against a windowpane.

Ich klappte die glänzende Klinge
    zurück in ihren Perlmutt
        -griff & lachte über den Lärm

auf der Straße, über eine gelbe Motte,
    hineingeflattert in den Staub
        auf einer Fensterscheibe.

Bacchanal

Rubens paints desire
   in his wife's eyes
      gazing up at the black man

who has an arm around
   her waist. Tambourines
      shake the dusky air alive,

& there's a hint of tulips,
   a boy touching his penis
      at the edge of jubilation.

Has a war been won, have dogs
   been driven from the gates,
      or the old fattened calf

slaughtered? Cartwheels
   tie one Pan-hoofed season
      to the next, with Bacchus

& Zulus. We believe
   there's pure quartz
      hidden in this room

fretting the light,
   forcing hands to reach
      for each other, beyond

ambrosia. His wife
   seduced by joy & unction,
      wants to know how long

he's danced with a brush
   to will the night's hunger
      into an orgasm of colors.

Bacchanal

Rubens malt das Verlangen
    in den Augen seiner Frau, die
        zu dem Schwarzen aufblicken,

der ihr einen Arm um die Taille
    gelegt hat. Tamburine erfüllen
        die Dämmerluft mit Leben,

& es gibt eine Tulpenandeutung,
    abseits des Jubels einen Jungen,
        der sich an sein Glied fasst.

Hat man einen Krieg gewonnen,
    Hunde von den Toren vertrieben
        oder das gemästete alte Kalb

geschlachtet? Karrenräder binden
    den Sommer voll der Hufe Pans
        an den nächsten, mit Bacchus

& Zulus. Wir meinen,
    in diesem Raum, da
        verbirgt sich reines Quarz,

es wühlt das Licht auf, zwingt
    Hände dazu, jenseits
        Ambrosia nacheinander

zu greifen. Verführt von Freude
    & Salbung, will seine Frau
        wissen, wie lang er

mit einem Pinsel getanzt hat,
    um den Nachthunger zu verwandeln
        in einen Orgasmus aus Farben.

Nude Study

Someone lightly brushed the penis
    alive. Belief is almost
        flesh. Wings beat,

dust trying to breathe, as if the figure
    might rise from the oils
        & flee the dead

artist's studio. For years
    this piece of work was there
        like a golden struggle

shadowing Thomas McKeller, a black
    elevator operator at the Boston
        Copley Plaza Hotel, a friend

of John Singer Sargent—hidden
    among sketches & drawings, a model
        for Apollo & a bas-relief

of Arion. So much taken
    for granted & denied, only
        grace & mutability

can complete this face belonging
    to Greek bodies castrated
        with a veil of dust.

Aktstudie

Leichthin pinselte jemand das Glied
    lebendig. Glaube ist beinahe
        Fleisch. Flügel schlagen, Staub

will atmen, als könne die Gestalt
    sich aus den Ölfarben erheben
        & dem Atelier des toten

Künstlers entfliehen. Für Jahre
    glich dieses Kunstwerk dort
        goldenem Ringen & machte

zum Schatten Thomas McKeller,
    schwarzer Liftboy im Bostoner
        Copley Plaza Hotel & Freund

John Singer Sargents – versteckt
    unter Skizzen & Zeichnungen, ein
        Modell für Apoll & ein Basrelief

von Arion. Für selbstverständlich
    gehalten & verleugnet, können
        nur Anmut & Wandelbarkeit

dies Gesicht eines griechischen
    Körpers vollenden, kastriert
        mit einem Schleier aus Staub.

III Love in the Time of War

III Liebe in den Zeiten des Krieges

The jawbone of an ass. A shank
braided with shark teeth. A garrote.
A shepherd's sling. A jagged stone
that catches light & makes warriors
dance to a bull-roarer's lamentation.
An obsidian ax. A lion-skin drum
& reed flute. A nightlong prayer
to gods stopped at the mouth of a cave.

The warrior-king summons one goddess
after another to his bloodstained pallet.
If these dear ones live inside his head
they still dress his wounds with balms
& sacred leaves, & kiss him
back to strength, back to a boy.

Der Kieferknochen eines Esels. Ein Schenkel,
besetzt mit Haifischzähnen. Ein Würgeband.
Eine Hirtenschleuder. Ein gezackter Stein,
der Licht einfängt & Krieger dazu bringt,
zum Klagen eines Schwirrgeräts zu tanzen.
Eine Axt aus Obsidian. Eine Löwenfelltrommel
& Rohrflöte. Ein nachtlanges Gebet zu Göttern,
das Einhalt gebot vorm Rachen einer Höhle.

Der Kriegerkönig ruft sämtliche Göttinnen
nacheinander auf sein blutbeflecktes Lager.
Leben diese Holden auch in seinem Kopf,
sie bedecken seine Wunden mit Melissen
& heiligem Laub & küssen ihn erneut
zu Stärke, erneut zu einem Knaben.

It seems we all need something to kill
for, to seek & claim, to treasure
till it screams in elemental dark,
to argue with the gods over—
a delicacy or something forbidden—
even if it's only the sooty tern's egg
on Easter Island, as warriors swung ironwood clubs
to topple clans of stony monoliths.

Women danced around a canoe dripping the sap
of the island's last great tree. For the new ruler
who found the season's first egg, whose eyes
reflected obsidian knives & spearheads,
a maiden dressed in a garment of blossoms
waited beneath a towering statue at dusk.

Es scheint, wir alle brauchen etwas, das wir töten
können, suchen & einfordern, anhäufen,
bis es kreischt in urgewaltigem Dunkel,
etwas, um mit den Göttern zu streiten –
eine Kostbarkeit oder etwas Verbotenes –
& sei es nur das Ei der Rußseeschwalbe
auf der Osterinsel, wo Krieger Eisenholzknüppel schwangen,
um Steinmonolithenklans umzustoßen.

Frauen tanzten um ein Kanu, aus dem der Saft des letzten
großen Baums der Insel quoll. Auf den neuen Herrscher,
der das erste Ei der Brutzeit fand, dessen Augen
Messer & Speerspitzen aus Obsidian spiegelten,
wartete im Morgengrauen unter einer himmelhohen
Statue eine Jungfrau in einem Blütenblättergewand.

Did a Byzantine general intone *Ah*!
when he saw a volcano shoot flames up
across hills? Is nature the master of war?
Could a fissure become a stone syringe
pluming liquid fire against an enemy? Hell
was a beauteous glow made of naphtha,
what the Babylonians called *the thing
that blazes*—oil seeping out of the earth.

If a woman heard the secrets of Greek fire
in a soldier's dream, he couldn't save her.
Only lilies dared to open their pale throats.
After a turtledove spoke on her behalf,
the executioner couldn't believe how light
his hands were, how heavy the ax was.

Rief ein byzantinischer General aus: »Ah!«,
sobald er sah, ein Vulkan spuckt Flammen
über Hügel? Ist Natur Vorreiterin des Kriegs?
Konnte ein Spalt zur Steinspritze werden, die
Feuer flüssig auf einen Feind sprüht? Die Hölle
war ein ach so schönes Glühen aus Naphtha,
das die Babylonier das *lichterloh brennende
Ding* nannten – aus der Erde sickerndes Öl.

Hörte eine Frau einen Soldaten im Traum reden
vom geheimen Griechenfeuer, war sie verloren.
Nur Lilien wagten, die fahlen Kehlen aufzutun.
Hatte eine Turteltaube erst für sie gesprochen,
konnte der Henker gar nicht fassen, wie leicht
seine Hände waren, wie schwer das Beil war.

The matador hides the shiny sword
behind his cape & bows to the bull.
Silence kneels in the dung-scented dust.
El toro charges. The matador's quick
two-step is perfecto, as the horns
graze his shadow. He bows again
to the minotaur. Where did the blade
come from, how did it enter the heart?

The flamenco dancer's red skirt catches light
& falls. She adores the levity of his hands
& feet. Some beings steal sunrises
from blood. He knows where the words
come from, that line of García Lorca's
about eating the grasses of the cemeteries?

Der Matador verbirgt das blanke Schwert
im Umhang & verneigt sich vor dem Stier.
Stille kniet im Dunggeruch des Staubs.
El toro greift an. Des Matadoren flinker
Two-Step ist perfecto, streifen die Hörner
seinen Schatten. Erneut verneigt er sich
vor dem Minotaurus. Die Klinge, woher
stammte sie, wie fand sie ins Herz hinein?

Der rote Rock der Flamencotänzerin fängt Licht
& fällt. Sie liebt die Gewandtheit seiner Hände
& Füße. Manche Wesen rauben dem Blut
seine Morgenröten. Er weiß, woher die Worte
stammen, diese eine Zeile von García Lorca
über das Weiden der Gräser auf den Friedhöfen?

Two memories filled the cockpit.
The pilot fingered the samurai swords
beside him, as the plane banked & dove.
Locked in a fire-spitting tailspin,
headed toward the ship, he was one
with the metal & speed, beyond oaths
taken, nose-diving into the huddle
of sailors below, into their thunder.

The day opened like a geisha's pearl fan.
The yellow kimono of his first & last woman
withered into a tangle of cherry blossoms
& breathy silk. A sigh leapt out of his throat.
Before he climbed up into the cockpit
he left a shadow to guard her nights.

Zwei Erinnerungen erfüllten das Cockpit.
Der Pilot befühlte die Samuraischwerter
neben sich, als das Flugzeug eindrehte
& sank. Gesperrt in ein feuerspuckendes
Trudeln dem Schiff entgegen, war er eins
mit dem Metall & Tempo, jenseits abgelegter
Eide, stürzte er zu auf das Durcheinander
aus Matrosen da unten, hinein in ihr Gedonner.

Der Tag ging auf wie der Perlfächer einer Geisha.
Der gelbe Kimono seiner ersten & letzten Frau
verblasste in einem Wirrwarr aus Kirschblüten
& hauchiger Seide. Seufzen entwich seiner Kehle.
Bevor er hinaufkletterte in das Cockpit, ließ er
zur Wache über ihre Nächte einen Schatten zurück.

When our hands caress bullets & grenades,
or linger on the turrets & luminous wings
of reconnaissance planes, we leave glimpses
of ourselves on the polished hardness.
We surrender skin, hair, sweat, & fingerprints.
The assembly lines hum to our touch,
& the grinding wheels record our laments
& laughter into the bright metal.

I touch your face, your breasts, the flower
holding a world in focus. We give ourselves
to each other, letting the workday slide
away. Afterwards, lying there facing the sky,
I touch the crescent-shaped war wound. Yes,
the oldest prayer is still in my fingertips.

Liebkosen unsere Hände Kugeln & Granaten
oder ruhen auf Kanzeln & leuchtenden Flügeln
von Aufklärern, hinterlassen wir einen flüchtigen
Eindruck von uns auf der polierten Härte.
Wir geben Haut, Haar, Schweiß & Fingerabdrücke
preis. Fließbänder summen, wo wir sie berühren,
& die Schleifscheiben schreiben unser Klagen
& Lachen in das hell glänzende Metall.

Ich berühre dein Gesicht, deine Brüste, die Blume,
die eine Welt zusammenhält. Wir schenken
uns einander, & der Arbeitstag schlittert
vorbei. Dann lieg ich da, Gesicht zum Himmel,
& berühre die sichelförmige Kriegswunde. Ja,
noch ist das älteste Gebet in meinen Fingerkuppen.

A throng of boy soldiers dance
the highlife on a dusty back road
dressed as women, lost in cocaine
happiness, firing Kalashnikovs.

The skinny dogs can smell death
in the twilit alleys. The women
& girls disappear when weaverbirds
desert the tall grandfather trees.

After fetishes are questioned, the guns
run amok. Ghosts patrol the perimeter
& night tries to mend broken rooms.

The women & girls return to the village
with a rebel army hiding inside them.
The gods climb higher into the trees.

Ein Pulk von Kindersoldaten tanzt
in Frauenkleidern, verirrt im Koks
-glück & ballernd mit Kalaschnikows,
Rambazamba im Stadtrandstaub.

Die hageren Köter wittern den Tod
im Halblicht der Wege. Die Frauen
& Mädchen flüchten wie Webervögel
aus den riesigen Urahnenbäumen.

Fetische verlacht, laufen die Flinten
Amok. Geister patrouillieren ums Dorf,
& die Nacht will die Zimmer erneuern.

Die Frauen & Mädchen kehren zurück,
versteckt im Innern ein Rebellenheer.
Die Götter klettern höher in die Bäume.

I am Abeer Quassim Hamza al-Janabi.
I am one thousand years old.
Once, a long time ago, the Tigris
flowed through me as I gazed up at the sky.
The eyes of the soldiers made me look
at the ground. They followed me in sleep,
hungry dust-birds calling. Now, I am ash,
a bundle of the night's jasmine blossoms

& beliefs. There's a pain inside of me,
but I don't know where. When soldiers
knocked on the door, our house broke
into pieces. There were a thousand dreams
inside me. They tried to burn the evidence,
but I'll always—always be almost fifteen.

Ich bin Abeer Quassim Hamza al-Janabi.
Ich bin eintausend Jahre alt.
Einst, vor langer Zeit, floss der Tigris
durch mich, sobald ich zum Himmel aufsah.
Die Blicke der Soldaten zwangen mich,
zu Boden zu sehen. Sie folgten mir im Schlaf,
hungrig gellende Staubvögel. Jetzt bin ich Asche,
ein Bündel aus Jasminblüten & Vorstellungen

der Nacht. Da ist ein Schmerz tief in mir,
nur weiß ich gar nicht, wo. Als Soldaten
an die Tür klopften, zerbrach unser Haus
in tausend Stücke. Da waren so viele Träume
in mir. Sie versuchten, die Beweise zu verbrennen,
ich aber werde immer – immer fast fünfzehn sein.

IV Warhorses

IV Schlachtrösser

The Helmet

Perhaps someone was watching
a mud turtle or an armadillo
skulk along an old interminable footpath,
armored against sworn enemies,
& then that someone shaped a model,
nothing but the mock-up of a hunch
into a halved, rounded, carved-out
globe of wood covered with animal skin.
How many battles were fought before
bronze meant shield & breastplate,
before iron was fired, hammered, & taught
to outwit the brain's glacial weather,
to hold an edge? God-inspired,
it was made to deflect a blow
or blade, to make the light pivot
on the battlefield. Did the soldiers
first question this new piece of equipment,
did they laugh like a squad of Hells Angels,
saying, Is this our ration bowl for bonemeal,
& gore? The commander's sunrise
was stolen from the Old Masters,
& his coat of arms made the shadows
kneel. The ram, the lion, the ox,
the goat—folkloric. Horse-headed
helmets skirted the towering cedars
till only a lone vulture circled the sky
as first & last decipher of the world.

Der Helm

Vielleicht sah ja mal jemand eine
Klappschildkröte oder ein Gürteltier
einen alten endlosen Pfad langkriechen,
gepanzert gegen erklärte Feinde,
& da formte dieser Jemand ein Modell,
bloß die Simulation von einer Ahnung,
zu einer halbierten, gerundeten, gehöhlten,
mit Tierhaut bedeckten Kugel aus Holz.
Wie viele Schlachten schlug man, ehe
Bronze Schild & Brustplatte bedeutete,
ehe Eisen geschmiedet & gehämmert lernte,
das Gletscherwetter des Hirns auszutricksen &
einer Schneide standzuhalten? Von Gott inspiriert,
war es dazu gemacht, einen Hieb abzuwehren
oder eine Klinge, auf dem Schlachtfeld das Licht
zum Flügelmann zu machen. Hatten die Soldaten
erst Zweifel an dem neuen Teil des Rüstzeugs,
lachten sie wie eine Gruppe Hells Angels
& fragten: Ist das die Schale für unsere Ration
Knochenmehl & Blut? Des Befehlshabers
Sonnenaufgang stahl man den Alten Meistern,
& sein Wappen ließ die Schatten auf die Knie
fallen. Der Widder, der Löwe, der Ochse,
der Bock – folkloristisch. Pferdeköpfige
Helme säumten die aufragenden Zedern,
bis als erster & letzter Entzifferer der Welt
am Himmel nur noch ein einsamer Geier kreiste.

Grenade

There's no rehearsal to turn flesh into dust so quickly. A hair trigger, a cocked hammer in the brain, a split second between a man & infamy. It lands on the ground—a few soldiers duck & the others are caught in a half run—& one throws himself down on the grenade. All the watches stop. A flash. Smoke. Silence. The sound fills the whole day. Flesh & earth fall into the eyes & mouths of the men. A dream trapped in midair. They touch their legs & arms, their groins, ears, & noses, saying, What happened? Some are crying. Others are laughing. Some are almost dancing. Someone tries to put the dead man back together. »He just dove on the damn thing, sir!« A flash. Smoke. Silence. The day blown apart. For those who can walk away, what is their burden? Shreds of flesh & bloody rags gathered up & stuffed into a bag. Each breath belongs to him. Each song. Each curse. Every prayer is his. Your body doesn't belong to your mind & soul. Who are you? Do you remember the man left in the jungle? The others who owe their lives to this phantom, do they feel like you? Would his loved ones remember him if that little park or statue erected in his name didn't exist, & does it enlarge their lives? You wish he'd lie down in that closed coffin, & not wander the streets or enter your bedroom at midnight. The woman you love, she'll never understand. Who would? You remember what he used to say: »If you give a kite too much string, it'll break free.« That unselfish certainty. But you can't remember when you began to live his unspoken dreams.

Granate

Es lässt sich nicht proben, Fleisch so schnell in Staub zu verwandeln. Ein Stecherabzug, im Hirn ein gespannter Hahn, der Bruchteil einer Sekunde zwischen einem Menschen & der Schande. Sie stürzt zu Boden – ein paar Soldaten ducken sich, die anderen erwischt es halb rennend –, & einer wirft sich auf die Granate. Alle Armbanduhren bleiben stehen. Ein Blitz. Rauch. Stille. Das Geräusch erfüllt den ganzen Tag. Fleisch & Erde fallen den Männern in Augen & Mund. Ein in der Luft gefangener Traum. Sie tasten ihre Beine & Arme ab, ihre Leisten, Ohren & die Nase & fragen: Was ist passiert? Ein paar weinen. Andere lachen. Ein paar tanzen beinahe. Jemand versucht, den Toten wieder zusammenzusetzen. »Hat sich einfach auf das verdammte Ding draufgeworfen, Sir!« Ein Blitz. Rauch. Stille. Der Tag gesprengt. Die davongehen können, was ist ihre Bürde? Fleischfetzen & blutige Lumpen eingesammelt & in eine Tasche gestopft. Jeder Atemzug gehört ihm. Jedes Lied. Jeder Fluch. Jedes Gebet gilt ihm. Dein Körper gehört nicht deinen Gedanken & deiner Seele. Wer bist du? Erinnerst du dich an den, der da im Dschungel zurückblieb? Die anderen, die ihr Leben diesem Phantom verdanken, fühlen sie wie du? Würden seine Lieben sich an ihn erinnern, wenn es diesen kleinen Park oder diese zu seinen Ehren aufgestellte Figur nicht gäbe, & würde ihr Leben dadurch tiefer, weiter? Du wünschtest, er würde sich hinlegen in diesem Sarg mit Deckel & nicht durch die Straßen wandern oder um Mitternacht in dein Schlafzimmer kommen. Die Frau, die du liebst, sie wird es nie verstehen. Wer würde? Du weißt noch, was er sagte: »Gibst du einem Drachen zu viel Schnur, dann haut er dir ab.« Diese selbstlose Gewissheit. Aber du weißt nicht mehr, wann du anfingst, die Träume nachzuleben, von denen er nie gesprochen hat.

Heavy Metal Soliloquy

After a nightlong white-hot hellfire
of blue steel, we rolled into Baghdad,
plugged into government-issued earphones,
hearing hard rock. The drum machines
& revved-up guitars roared in our heads.
All their gods were crawling on all fours.
These bloated replicas of horned beetles
drew us to targets, as if they could breathe
& think. The turrets rotated 360 degrees.
The infrared scopes could see through stone.
There were mounds of silver in the oily dark.
Our helmets were the only shape of the world.
Lightning was inside our titanium tanks,
& the music was almost holy, even if blood
was now leaking from our eardrums.
We were moving to a predestined score
as bodies slumped under the bright heft
& weight of thunderous falling sky.
Locked in, shielded off from desert sand
& equatorial eyes, I was inside a womb,
a carmine world, caught in a limbo,
my finger on the trigger, getting ready to die,
getting ready to be born.

Heavy Metal Monolog

Nach der nachtlangen Weißglut eines Höllenfeuers
aus blauem Stahl rollten wir hinein nach Bagdad,
zogen uns Kopfhörer der Regierung über die Ohren
& hörten darunter Hardrock. Die Drum Machines
& aufgedrehten Gitarren dröhnten uns im Schädel.
Ihre sämtlichen Götter krabbelten auf allen Vieren.
Diese aufgeblähten Nachbildungen behornter Käfer
nahmen uns ins Visier, ganz als könnten sie atmen
& denken. Die Geschütztürme rotierten um 360 Grad.
Die Infrarotzielfernrohre konnten durch Stein sehen.
Haufenweise lag Silber in der öligen Dunkelheit.
Unsere Helme waren die einzige Form der Welt.
Es blitzte im Innern unserer Panzer aus Titanium,
& die Musik war beinahe heilig, auch wenn jetzt
aus unseren Trommelfellen das Blut sickerte.
Wir bewegten uns zu einer vorbestimmten Partitur,
während Leiber zusammensackten unter der hellen
& schweren Last herabfahrender Donner am Himmel.
Eingeschlossen, abgeschirmt von Wüstensand
& Äquator-Augen, war ich in einem Mutterleib,
einer karminroten Welt, gefangen in einer Vorhölle,
den Finger am Abzug, machte mich bereit, zu sterben,
bereit, geboren zu werden.

The Devil Comes on Horseback

Although the sandy soil's already red,
the devil still comes on horseback
at midnight, with old obscenities
in his head, galloping along a pipeline
that ferries oil to the black tankers
headed for Shanghai. Traveling
through folklore & songs, prayers
& curses, he's a windmill of torches
& hot lead, rage & plunder, bloodlust
& self-hatred, rising out of the Seven Odes,
a Crow of the Arabs. Let them wing
& soar, let them stumble away on broken feet,
let them beg with words of the unborn,
let them strum a dusty oud of gut & gourd,
still the devil rides a shadow at daybreak.
Pity one who doesn't know his bloodline
is rape. He rides with a child's heart
in his hands, a head on a crooked staff,
& he can't stop charging the night sky
till his own dark face turns into ashes
riding a desert wind's mirage.

Der Teufel kommt zu Pferde

Auch wenn der sandige Boden längst rot ist,
der Teufel kommt weiter um Mitternacht
zu Pferde, die alten Unflätigkeiten
im Kopf, galoppiert er eine Pipeline lang,
die Öl befördert zu den schwarzen Tankern
mit Zielhafen Shanghai. Unterwegs
durch Folklore & Lieder, Gebete
& Flüche, ist er Windmühle aus Fackeln
& heißem Blei, Zorn & Plündern, Mordlust
& Selbsthass & steigt aus den Sieben Oden,
eine Krähe der Araber. Sollen sie auffliegen
& schweben, davonstolpern gebrochener Füße,
sollen sie betteln mit der Ungeborenen Worten,
sollen sie eine Oud spielen, staubig Kürbis & Darm,
der Teufel reitet im Morgengrauen einen Schatten.
Erbarmen mit dem, der nicht weiß, seine Blutlinie
ist Vergewaltigen. Er reitet mit einem Kinderherz
in Händen, einem Kopf auf einem Krummstab,
& immerfort angreifen muss er den Nachthimmel,
bis auch sein dunkles Gesicht Asche wird
im Ritt auf einer Wüstenwindchimäre.

From »Autobiography of My Alter Ego«

You see these eyes?
            You see this tongue?
You see these ears?
            They may detect a quiver
in the grass, an octave
            higher or lower—
a little different, an iota,
            but they're no different
than your eyes & ears.
            I can't say I don't know
how Lady Liberty's
            tilted in my favor or yours,
that I don't hear what I hear
            & don't see what I see
in the cocksure night
            from Jefferson & Washington
to terrorists in hoods & sheets
            in a black man's head.
As he feels what's happening
            you can also see & hear
what's happening to him.
            You see these hands?
They know enough to save us.
            I'm trying to say this: True,
I'm a cover artist's son,
            born to read between lines,
but I also know that you know
            a whispered shadow in the trees
is the collective mind
            of insects, birds, & animals
witnessing what we do to each other.

*

Aus der Autobiografie meines Alter Egos

Siehst du diese Augen?
                    Siehst du diese Zunge?
Siehst du diese Ohren?
                    Sie können ein Erschüttern
im Gras wahrnehmen, eine
                       Oktave höher oder tiefer –
leicht anders, einen Hauch,
                   aber sie sind nicht anders
als deine Augen & Ohren.
                      Es stimmt nicht, dass ich nicht weiß,
wie sich die Freiheitsstatue neigt
                      zu meinen Gunsten oder deinen,
dass ich nicht höre, was ich höre
                    & in der todsicheren Nacht
nicht sehe, was ich sehe
               von Jefferson & Washington
bis zu Terroristen unter Kapuzen & Laken
                       im Kopf eines Schwarzen.
Wie er spürt, was passiert,
               kannst du sehen & hören,
was mit ihm passiert.
             Siehst du diese Hände?
Sie wissen genug, um uns zu retten.
                   Ich versuche zu sagen: Stimmt,
ich bin Sohn eines Covermusikers,
               lese von Geburt an zwischen Zeilen,
aber ich weiß auch, dass du weißt,
             ein flüsternder Schatten in den Bäumen
ist der kollektive Geist
             von Insekten, Vögeln & Tieren,
Zeugen dessen, was wir einander antun.

*

Forgive the brightly colored
                    viper on the footpath,
guarding a forgotten shrine.
                    Forgive the tiger
dumbstruck beneath its own rainbow.
                              Forgive the spotted bitch
eating her litter underneath the house.
                              Forgive the boar
hiding in October's red leaves.
                    Forgive the stormy century
of crows calling to death. Forgive
                    the one who conjures a god
out of spit & clay
              so she may seek redemption.
Forgive the elephant's memory.
                    Forgive the saw vine
& the thorn bird's litany.
                    Forgive the schizoid
gatekeeper, his logbook's
                    perfect excuse. Forgive
the crocodile's swiftness.
                    Forgive the pheromones
& the idea of life on Mars.
                    Forgive the heat lightning
& the powder keg. Forgive the raccoon's
                         sleight of hand beside
the river. Forgive the mooncalf
                    & doubt's caul-baby. Forgive
my father's larcenous tongue.
                    Forgive my mother's intoxicated
lullaby. Forgive my sixth sense.
                    Forgive my heart & penis,
but don't forgive my hands.

Vergib der schimmernd bunten
                          Viper auf dem Fußweg,
die einen vergessenen Schrein bewacht.
                               Vergib dem Tiger, sprachlos
unter seinem Regenbogen.
                     Vergib der gefleckten Hündin,
die unterm Haus ihren Wurf frisst.
                          Vergib dem Wildschwein,
versteckt im roten Oktoberlaub.
                          Vergib dem stürmischen Jahrhundert
der Krähen, die den Tod herbeirufen. Vergib
                               der, die auf der Suche
nach Erlösung einen Gott beschwört
                          aus Spucke & Ton.
Vergib dem Elefantengedächtnis.
                          Vergib der Stechwinde
& der Dornenvogellitanei.
                     Vergib dem schizoiden
Torwächter die perfekte Entschuldigung
                          seines Protokollbuchs. Vergib
der Schnelligkeit des Krokodils.
                     Vergib den Pheromonen
& der Vorstellung von Leben auf dem Mars.
                          Vergib dem Wetterleuchten
& dem Pulverfass. Vergib
                     dem Waschbären die Fingerfertigkeit
am Flussufer. Vergib dem Mondkalb
                     & dem Glückskind Zweifel. Vergib
der diebischen Zunge meines Vaters.
                     Vergib dem betrunkenen Schlaflied
meiner Mutter. Vergib meinem sechsten Sinn.
                          Vergib meinem Herz & Glied,
doch vergib nicht meinen Händen.

V The Chameleon Couch

V   Die Chamäleon-Couch

A Translation of Silk

One can shove his face against silk
& breathe in centuries of perfume
on the edge of a war-torn morning
where men fell so hard for iron
they could taste it. Now, today,
a breeze disturbs a leafy pagoda
printed on slow cloth. A creek
begins to move. His brain trails,
lagging behind his fingers to learn
suggestion is more than radiance
shaped to the memory of hands,
that one of the smallest creatures
knows how to be an impressive god.
A flounce of light is the only praise
it ever receives. I need to trust
this old way of teaching a man
to cry, & I want to believe in
what's left of the mulberry leaves.
Humans crave immortality, but oh,
yes, to think worms wove this
as a way to stay alive in our world.

Eine Übersetzung von Seide

Man kann sein Gesicht gegen Seide schieben
& Jahrhunderte alten Duft einatmen am Rand
eines kriegsgeschundenen Morgens, an dem
Männer so heftig Eisen verfielen, dass sie es
schon schmecken konnten. Heute, hier, wühlt
eine Brise eine Blätterpagode auf, gedruckt
auf trägen Stoff. Ein Flüsschen beginnt sich
zu regen. Sein Verstand folgt ihm schleppend,
zögert hinter seinen Fingern zu begreifen,
dass Andeuten mehr ist als der Schimmer,
wie ihn Finger in der Erinnerung behalten,
dass es eines der allerkleinsten Geschöpfe
versteht, ein beeindruckender Gott zu sein.
Eine Rüsche aus Licht ist das einzige Lob,
das ihm je zuteil wird. Ich muss ihr vertrauen,
dieser alten Weise, einem Mann beizubringen,
zu weinen, & ich möchte glauben an das, was
übrig geblieben ist von den Maulbeerblättern.
Menschen streben nach Unsterblichkeit, gut,
aber denk nur, Würmer haben das gewebt, um
auf diese Weise in unserer Welt zu überleben.

Black Figs

Because they tasted so damn good, I swore
    I'd never eat another one, but three seedy little hearts
beckoned tonight from a green leaf-shaped saucer,
    swollen with ripeness, ready to spill a gutty
sacrament on my tongue. Their skins too smooth
    to trust or believe. Shall I play Nat King Cole's
»Nature Boy« or Cassandra's »Death Letter«
    this Gypsy hour? I have a few words to steal
back the taste of earth. I know laughter can rip
    stitches, & deeds come undone in the middle of a dance.
Socrates talked himself into raising the cup to his lips
    to toast the avenging oracle, but I told the gods no
false kisses, they could keep their ambrosia & nectar,
    & let me live my days & nights. I nibble each globe,
each succulent bud down to its broken-off stem
    like a boy trying to make a candy bar last
the whole day, & laughter unlocks my throat
    when a light falls across Bleecker Street
against the ugly fire escape.

Schwarze Feigen

Weil sie so verdammt gut schmeckten, schwor ich,
     nie mehr eine zu essen, doch drei elende kleine Herzen
lockten heut Abend von einer grünen, blattförmigen Untertasse,
     vor Reife geschwollene Verheißung, sie flössen mir
als pralles Sakrament auf die Zunge. Ihre Haut zu glatt,
     um ihnen zu vertrauen, zu glauben. Soll ich Nat King Coles
»Nature Boy« spielen oder Cassandras »Death Letter«
     in so einer Gypsystunde? Mit ein paar Worten stehle ich
den Geschmack der Erde zurück. Ich weiß, Lachen reißt
     Nähte auf, & alles wird unwichtig mitten in einem Tanz.
Sokrates redete, hob dabei den Becher an die Lippen &
     stieß auf das Racheorakel an, ich aber sagte den Göttern,
Schluss mit falschen Küssen, behaltet Ambrosia & Nektar,
     & lasst mir meine Tage & Nächte. Ich vernasche jede Kugel,
jede Saftknospe runter bis zu ihrem abgebrochenen Stiel,
     so wie ein Junge einen Schokoriegel den ganzen Tag
zu behalten versucht, & Lachen entsperrt mir die Kehle,
     fällt nur ein Lichtschein über die Bleecker Street
& auf die hässliche Feuerleiter.

Poppies

These frantic blooms can hold their own
when it comes to metaphor & God.
Take any name or shade of irony, any flowery
indifference or stolen gratitude, & our eyes,
good or bad, still run up to this hue.
Take this woman sitting beside me,

a descendant of Hungarian Gypsies
born to teach horses to dance & eat sugar
from her hand, does she know beauty
couldn't have protected her, that a poppy
tucked in her hair couldn't have saved her
from those German storm troopers?

This frightens me. I see eyes peeping
through narrow slats of cattle cars
hurrying toward forever. I see »Jude«
& »Star of David« scribbled across a depot,
but she says, That's the name of a soccer team,
baby. Red climbs the hills & descends,

hurrying out to the edge of a perfect view,
& then another, between white & violet.
It is a skirt or cape flung to the ground.
It is old denial worked into the soil.
It is a hungry new vanity that rises
& then runs up to our bleating train.

I am a black man, a poet, a bohemian,
& there isn't a road my mind doesn't travel.
I also have my cheap, one-way ticket
to Auschwitz & know of no street or footpath
death hasn't taken. The poppies rush ahead,
up to a cardinal singing on barbed wire.

Mohnblumen

Diese ungestümen Blüten können gut mithalten,
sobald ins Spiel kommen Metapher & Gott.
Nimm alle Namen oder Schatten der Ironie, alle blumige
Indifferenz oder Dankeshudelei, & vor unseren Augen,
ob gut oder schlecht, flammt weiter dieser Farbton.
Nimm diese Frau, die neben mir sitzt,

eine Nachfahrin ungarischer Zigeuner,
auf der Welt, um Pferden Tanzen beizubringen
& Zucker aus ihrer Hand zu fressen, weiß sie, Schönheit
hätte sie nicht schützen können, dass sie eine ins Haar
gesteckte Mohnblume nicht hätte retten können
vor diesen deutschen SA-Männern?

Das macht mir Angst. Ich sehe Augen spähen
durch schmale Schlitze von Viehwaggons,
die ins Endlose eilen. Ich sehe »Jude«
& »Davidstern« gekritzelt an einen Bahnschuppen,
aber sie sagt: »Ist der Name eines Fußballvereins,
Schatz.« Rot klettert die Hügel hinauf & hinunter,

eilt hinaus an den Rand einer perfekten Aussicht
& dann einer anderen, zwischen Weiß & Violett.
Es ist ein hingeworfener Rock oder Umhang.
Es ist altes in den Boden gewalktes Leugnen.
Es ist eine hungrige neue Eitelkeit, die ansteigt
& darauf zu unserem greinenden Zug flammt.

Ich bin ein Schwarzer, ein Dichter, ein Bohemien,
& in Gedanken bin ich überall hin unterwegs.
Auch ich habe meine billige einfache Fahrkarte
nach Auschwitz & weiß, der Tod kennt jede Straße
& jeden Pfad. Die Mohnblumen rauschen voraus
bis zu einem singenden Kardinal auf Stacheldraht.

How It Is

My muse is holding me prisoner.
She refuses to give back my shadow,
anything that clings to a stone or tree
to keep me here. I recite dead poets
to her, & their words heal the cold air.
I feed her fat, sweet, juicy grapes,
& melons holding a tropical sun
inside them. From here, I see only
the river. The blue heron dives,
& always rises with a bright fish
in its beak, dangling a grace note.
She leans over & whispers, Someday,
I'll find some way to make you cry.
What are her three beautiful faces
telling me? I peel her an orange.
Each slice bleeds open a sigh.
Honeydew perfumes an evening
of black lace & torch songs,
& I bow down inside myself
& walk on my hands & knees
to break our embrace, but can't
escape. I think she knows
I could free myself of the thin gold chain
invisible around her waist,
but if she left the door open,
I'd still be standing here
in her ravenous light.
Her touch is alchemical.
When she questions my love,
I serve her robin's eggs
on a blue plate. She looks me in the eye
& says, You still can't go. Somehow,
I'd forgotten I'm her prisoner,

Wie es ist

Meine Muse hält mich als Gefangenen fest.
Sie verweigert die Rückgabe meines Schattens
& von allem, was an einen Stein oder Baum fesselt,
damit ich ja hierbleibe. Ich zitiere ihr tote Dichter,
& deren Worte lassen die kalte Luft gesunden.
Ich fütter sie mit fetten, süßen, saftigen Trauben
& Melonen, deren Inneres eine Tropensonne
aufsogen. Von hier aus sehe ich lediglich
den Fluss. Der bläuliche Graureiher taucht
& kommt immer mit einem glänzenden Fisch
im Schnabel & einem Trillern wieder ans Licht.
Sie beugt sich zu mir & flüstert: »Eines Tages
weiß ich, wie ich dich zum Weinen bringe.«
Was wollen sie mir sagen, ihre drei schönen
Gesichter? Ich schäle ihr eine Blutorange.
Rot verströmt jeder Schnitz ein Seufzen.
Honigmelonenduft erfüllt einen Abend
aus schwarzer Spitze & Fackelliedern,
& ich verbeuge mich in meinem Innern
& gehe auf Händen & Knien, um unsere
Umarmung aufzuknacken, aber kann nicht
entrinnen. Ich denke, sie weiß zwar,
ich könnte loskommen von dem Goldkettchen,
das ihr unsichtbar die Taille umschließt,
nur ließe sie dann die Tür offen,
stünde ich immer noch hier
in ihrem unbändigen Licht.
Ihre Berührung ist Alchemie.
Sobald sie meine Liebe infrage stellt,
serviere ich ihr Rotkehlcheneier
auf einem blauen Teller. Sie sieht mir in die Augen
& sagt: »Du kannst doch nicht weg.« Irgendwie
war mir entfallen, dass ich ihr Gefangener bin,

but I glance over at the big rock
wedged against the back door.
I think she knows, with her kisses
in my mouth, I could walk on water.

doch sagt es mir der Anblick des Felsens,
mit dem die Hintertür verrammelt ist.
Ich denke, sie weiß, mit ihren Küssen
im Mund könnte ich übers Wasser gehen.

A Voice on an Answering Machine

I can't erase her voice. If I opened the door to the cage & tossed the magpie into the air, a part of me would fly away, leaving only the memory of a plucked string trembling in the night. The voice unwinds breath, soldered wires, chance, loss, & digitalized impulse. She's telling me how light pushed darkness till her father stood at the bedroom door dressed in a white tunic. Sometimes we all wish we could put words back into our mouths.

I have a plant of hers that has died many times, only to be revived with less water & more light, always reminding me of the voice caught inside the little black machine. She lives between the Vale of Kashmir & nirvana, beneath a bipolar sky. The voice speaks of an atlas & a mask, a map of Punjab, an ugly scar from college days on her abdomen, the unsaid credo, but I still can't make the voice say, Look, I'm sorry. I've been dead for a long time.

Eine Stimme auf einem Anrufbeantworter

Ich kann ihre Stimme nicht löschen. Wenn ich die Tür zum Käfig öffnen & die Elster in die Luft werfen würde, flöge ein Teil von mir weg & ließe nur die Erinnerung an eine gezupfte, in der Nacht zitternde Saite zurück. Die Stimme spult Atem ab, verlötete Drähte, Zufall, Verlust & digitalisierten Impuls. Sie erzählt mir, wie das Dunkel zurückwich vorm Licht, bis ihr Vater vor der Schlafzimmertür stand, in einer weißen Tunika. Manchmal wünschen wir uns alle, wir könnten Worte zurück in den Mund nehmen.

Ich habe eine Pflanze von ihr, die viele Male einging, nur um mit weniger Wasser & mehr Licht wiederbelebt zu werden, was mich immer an die in dem kleinen schwarzen Gerät eingesperrte Stimme erinnert. Sie lebt zwischen dem Tal von Kaschmir & dem Nirwana, unter einem bipolaren Himmel. Die Stimme spricht von einem Atlas & einer Maske, einer Karte des Punjab, einer hässlichen Narbe aus der College-Zeit auf ihrem Bauch, dem unausgesprochenen Credo, nur kann ich die Stimme immer noch nicht sagen lassen: Also, es tut mir leid. Ich bin schon lange tot.

VI The Emperor of Water Clocks

VI Der Wasseruhrenkaiser

The Land of Cockaigne

A drowned kingdom rises at daybreak
& we keep trudging on. A silhouette rides
the rope swing tied to a spruce limb,
the loudest calm in the marsh. Look
at the sinkholes, the sloped brokenness,
a twinned rainbow straddling the rocks.
See how forgiving—how brave nature is.
She drags us through teeming reeds
& turns day inside out, getting up
under blame, gazing at the horizon
as a throaty sparrow calls the raft home.
A wavering landscape is our one foothold.
Are we still moving? This old story
behind stories turns an epic season
a tangle of roses moved by night soil.
The boar, congo snake, & earthworm
eat into pigweed. The middle ground
is a flotilla of stars, a peacock carousel
& Ferris wheel spinning in the water
as vines unstitch the leach-work of salt,
thick mud sewn up like bodies fallen
into a ditch, blooming, about to erupt.
Water lily & spider fern. I see the tip
of a purple mountain, but sweetheart,
if it weren't for your late April kisses
I would have turned around days ago.

Das Schlaraffenland

Ein versunkenes Reich steigt auf, da es tagt,
& wir stapfen weiter. Eine Silhouette wippt
auf der Seilschaukel an einem Fichtenast,
nichts im Sumpf schweigt lauter. Guck dir
die Erdlöcher an, das Gefälle in Trümmern,
überspannt von einem Zwillingsregenbogen.
& wie versöhnlich – wie tapfer die Natur ist.
Sie schleppt uns durch ein Schilfrohrgewusel,
krempelt den Tag um, kaum dass sie aufsteht
unter Vorwürfen, & blickt starr zum Horizont,
als ein Spatz das Floß heiser nach Haus ruft.
Nur die wankende Landschaft bietet uns Halt.
Bewegen wir uns noch? Diese alte Mär hinter
Märchen verwandelt eine Wunderjahreszeit
in vom Nachtboden bewegtes Rosengewirr.
Der Keiler, der Aalmolch & der Regenwurm
fressen sich durch Giersch. Den Mittelpunkt
bilden ein Sterngeschwader, Pfauenkarussell
& im Wasser kreiselndes Riesenrad, während
Reben auftrennen, was Salz da herauswusch,
fetten Morast, eingenäht wie Leichen in einem
Graben, der blüht & kurz vorm Ausbruch steht.
Seerosen & Spinnenfarne. Ich seh die Spitze
eines lilanen Berges, ja, Schätzchen, aber
ginge es nicht um deine Küsse Ende April,
ich hätte schon vor Tagen kehrtgemacht.

Turner's Great Tussle with Water

As you can see, he first mastered light
& shadow, faces moving between grass
& stone, the beasts wading to the ark,
& then *The Decline of the Carthaginian
Empire*, before capturing volcanic reds,
but one day while walking in windy rain
on the Thames he felt he was descending
a hemp ladder into the galley of a ship,
down in the swollen belly of the beast
with a curse, hook, & a bailing bucket,
into whimper & howl, into piss & shit.
He saw winds hurl sail & mast pole
as the crewmen wrestled slaves dead
& half dead into a darkened whirlpool.
There it was, groaning. Then the water
was stabbed & brushed till voluminous,
& the bloody sharks were on their way.
But you're right, yes, there's still light
crossing the divide, seething around
corners of the thick golden frame.

Turners großes Rangeln mit Wasser

Wie du siehst, hat er erst Licht gemeistert
& Schatten, Gesichter, huschend zwischen
Gras & Stein, die zur Arche watenden Tiere
& daraufhin dann *Der Untergang Karthagos*,
bevor er auch Rottöne von Vulkanen einfing,
eines Tages aber, bei Wind & Regen lief er
die Themse lang, meinte er, eine Hanfleiter
in eine Schiffskombüse hinunterzuklettern,
mit Fluchen, einem Haken & Schöpfkübel
runter in den gedunsenen Wanst des Tiers,
ins Wimmern & Heulen, in Pisse & Scheiß.
Er sah Böen Segel & Masten wegpfeffern,
während die Deckmatrosen Sklaven tot &
halbtot in verfinstertes Gestrudele walgten.
Da war es, ächzte. Zerstochen & zerkratzt
wurde das Wasser, bis es sich aufwarf &
blutgeil auch die Haie unterwegs waren.
Doch du irrst nicht, ja, da ist noch Licht,
das die Kluft zerbricht & brodelt um die
Ecken des dick vergoldeten Rahmens.

Skulking Across Snow

The shadow knows. Okay. But what is this, the traveler's tail curled like a question mark, a tribe on her back? Snow falls among the headstones. The fat flakes curtain three worlds. In Southern folklore, they exhume the old world before skulking out to a new frontier of city lights. They live by playing dead. Bounty of lunacy. Bounty of what it seems. No, I'm not talking about lines stolen into a rock 'n' roll song. No, archsentimentalist, I'm not speaking of moonlight or a girl of wanderlust in a desert. But that's not a bad guess. I'm lost in your obscure imagination. Speaking of the dead, you know, Yeats also knew a little something about the occult. Sleepwalking is another story. Yes, the blank space says, Wake up, knucklehead, & listen to this: You might be getting onto something here. If I had different skin, would you read me differently, would you see something in the snow that isn't in the snow, something approaching genius? Would you press your nude body against the pages & try reading something into the life of the speaker? Would you nibble at the edges of my nightmares, & wake with the taste of death in your mouth, or would you open your eyes, lost in a field of hyacinth? Well, on a night like this, snow has fallen into my dreams. Lithium or horse could be a clue, but not necessarily so. Or, think of the two men aiming their dueling pistols—the years of silence between them—Alexander Pushkin falling into the January whiteness of history.

Wer sich durch den Schnee stiehlt

Der Schatten weiß darum. Okay. Aber was ist das da, der Schweif einer Reisenden, gewunden wie ein Fragezeichen, ein Volk auf dem Rücken? Zwischen den Grabsteinen fällt Schnee. Die dicken Flocken verhüllen drei Welten. In der Folklore des Südens graben sie die alte Welt wieder aus, ehe sie sich davonstehlen zu den Großstadtlichtern einer neuen. Sie leben, indem sie sich tot stellen. Lohn für Irrsinn. Lohn für Schein. Nein, ich rede nicht von geklauten Zeilen in einem Rock 'n' Roll-Song. Nein, Urgefühlsmensch, ich spreche nicht vom Mondenschein oder einem Mädchen mit Fernweh in einer Wüste. Aber gar nicht schlecht getippt. Ich verliere mich in deiner finsteren Vorstellung. Wo wir von den Toten sprechen – auch Yeats kannte sich ja ein bisschen mit Okkultem aus. Schlafwandeln ist etwas anderes. Ja, jede Leerstelle sagt: Wach auf, Schwachkopf, & hör dir das an, womöglich bist du da an was dran. Hätte ich eine andere Hautfarbe, würdest du mich anders lesen? Würdest du im Schnee etwas erkennen, das im Schnee gar nicht ist, etwas fast schon Geniales? Würdest du deinen nackten Körper gegen die Seiten pressen & etwas hineinzulesen versuchen ins Leben dessen, der da spricht? Würdest du an den Rändern meiner Albträume nagen & mit dem Geschmack vom Tod im Mund aufwachen, oder würdest du deine Augen aufmachen & hättest dich verirrt in einem Hyazinthenfeld? Gut, in einer Nacht wie dieser hat es in meine Träume geschneit. Lithium oder Pferd könnten ein Schlüssel sein, aber nicht unbedingt. Oder denk nur an die beiden Männer, die im Duell mit ihren Pistolen aufeinander zielen – die Jahre der Stille zwischen ihnen – Alexander Puschkin, wie er ins Januarweiß der Geschichte fällt.

Rock Me, Mercy

The river stones are listening
because we have something to say.
The trees lean closer today.
The singing in the electrical woods
has gone dumb. It looks like rain
because it is too warm to snow.
Guardian angels, wherever you're hiding,
we know you can't be everywhere at once.
Have you corralled all the pretty wild
horses? The memory of ants asleep
in daylilies, roses, holly, & larkspur.
The magpies gaze at us, still
waiting. River stones are listening.
But all we can say now is,
Mercy, please, rock me.

Leg los, Erbarmen

Die Flusssteine hören zu,
denn wir haben etwas zu sagen.
Die Bäume neigen sich heute tiefer.
Der Singsang in den elektrischen Wäldern
ist verstummt. Sieht nach Regen aus,
denn für Schnee ist es zu warm.
Schutzengel, wo immer ihr euch versteckt,
wir wissen, überall zugleich könnt ihr nicht sein.
Habt ihr sie alle im Gatter, die herrlich wilden
Pferde? Erinnerung an schlafende Ameisen
in Taglilien, Rosen, Ilex & Rittersporn.
Die Elstern starren uns an, sie warten
immer noch. Flusssteine hören zu.
Nur bleibt uns nichts zu sagen
als »Bitte, Erbarmen, leg los.«

Latitudes

If I am not Ulysses, I am
his dear, ruthless half brother.
Strap me to the mast
so I may endure night sirens
singing my birth when water
broke into a thousand blossoms
in a landlocked town of the South,
before my name was heard
in the womb-shaped world
of deep sonorous waters.
Storms ran my ship to the brink,
& I wasn't myself in a kingdom
of unnamed animals & totem trees,
but never wished to unsay my vows.
From the salt-crusted timbers
I could only raise a battering ram
or cross, where I learned God
is rhythm & spores. If I am
Ulysses, made of his words
& deeds, I swam with sea cows
& mermaids in a lost season,
ate oysters & poisonberries
to approach the idea of death
tangled in the lifeline's slack
on that rolling barrel of a ship,
then come home to more than just
the smell of apples, the heavy oars
creaking the same music as our bed.

Breitengrade

Bin ich nicht Odysseus, so bin ich
sein lieber, mitleidloser Halbbruder.
Schnallt mich an den Mast,
& ich ertrag den Nachtsirenensang
zu meiner Geburt, als das Wasser
in einer Stadt im südlichen Binnenland
sich ergoss in Tausende von Blüten,
ehe man meinen Namen vernahm
in der schoßförmigen Welt
tiefer, klangerfüllter Gewässer.
Sturm trieb mein Schiff ans Ufer,
& ich war nicht ich in einem Reich
namenloser Tiere & Totembäume,
doch um keinen Eid tat's mir je leid.
Von dem salzverkrusteten Gebälk
ließ sich nur ein Rammbock oder
Kreuz aufstellen, da wo ich begriff,
Gott ist Rhythmus & Sporen. Bin ich
Odysseus & entspross seinen Worten
& Taten, so durchschwamm ich mit See
-kühen & -jungfrauen eine vergessene
Jahreszeit, aß Austern & Giftbeeren,
nur um in der zerfransten Lebenslinie
auf diesem rollenden Fass von Schiff
eine Vorstellung vom Tod zu erhalten,
& dann heimzukehren zu mehr als bloß
Duft nach Äpfeln, den schweren Rudern,
die dieselbe Musik knarren wie unser Bett.

The Relic

In Saint Helena darkness falls into a window.
Napoleon tells the doctor to cut out his heart
& send it to the empress, Marie-Louise,

but not one word is said about his penis.
Had an auctioneer or bibliophile known
the weight or the true cost of infamy?

After his body was shipped home for burial
in a great hall of clocks & candelabra
few could reign over imperial silence.

One was Vignali, paid in silver forks, knives,
& 100,000 francs to curate the funeral,
whose manservant, Ali, confessed the deed.

Now, we ask time to show us the keepsake,
to let us see the proof in blue morocco
& velvet locked in a glass case.

I wonder if the urologist in Englewood,
New Jersey, wrapped it in raw silk
& placed the talisman under his bed.

Or if it became a study for a master of clones
rehearsing doxology & transubstantiation,
not even a murmur covered by swanskin.

It's a hint of the imagination awakened,
a shoelace, a dried-up fig or sea horse
awaiting the gallop of soundless waves.

Die Reliquie

Auf St. Helena fällt Dunkelheit durch ein Fenster.
Napoleon befiehlt dem Arzt, herauszuschneiden
sein Herz & es Kaiserin Marie-Louise zu senden,

kein Wort allerdings wird über seinen Penis gesagt.
Hätte ein Auktionator oder Bibliophiler das Gewicht
oder den wahren Preis des Schändlichen gekannt?

Nachdem sein Leichnam verschifft war in die Heimat
zur Beisetzung in einer Halle voll Uhren & Kandelaber,
herrschten über das imperiale Schweigen nur wenige.

Einer war Vignali, bezahlt mit Silbergabeln, Messern
& 100 000 Francs, damit er die Bestattung betreute,
bis sein eigener Diener namens Ali die Tat gestand.

Also erbitten wir Zeit, um uns das Andenken zeigen,
den Beweis sehen zu lassen auf blauem Maroquin
& Samt in einem verschlossenen Kasten aus Glas.

Ich frage mich, ob wohl der Urologe in Englewood,
New Jersey, ihn etwa in Rohseide eingewickelt
& den Talisman unter seinem Bett deponiert hat.

Oder ob er als Studienobjekt eines Klonmeisters,
der sich übte in Doxologie & Transsubstantiation,
nicht einmal Säuseln unter Schwanenhaut wurde.

Er ist ein Hinweis auf die Fantasie, die erwacht,
Schnürsenkel, Dörrfeige oder ein Seepferdchen,
das den Galopp geräuschloser Wellen erwartet.

The Gold Pistol

There's always someone who loves gold
bullion, boudoirs, & bathtubs, always
some dictator hiding in a concrete culvert
crying, Please don't shoot, a high priest
who mastered false acts & blazonry,
the drinking of a potion after bathing
in slow oils of regret, talismans, & amulets
honed to several lifetimes of their own,
the looting of safes & inlaid boxes of jewels,
moonlight on brimstone, fires eating sky,
& this is why my heart almost breaks
when a man dances with Gaddafi's pistol
raised over his head, knowing the sun
runs to whatever shines, & as the young
grows old, there's always a raven
laughing on an iron gatepost.

Die goldene Pistole

Immer ist da irgendeiner, der liebt Gold
-barren, -boudoirs & -badewannen, immer
versteckt sich ein Diktator in einer Betonröhre
& ruft »Bitte schießt nicht«, ein Hohepriester,
der falsche Posen & Wappen einstudierte,
die Elixiere nach dem Bad in zähflüssigen
Ölen des Bedauerns, die zigfach potenzierte
Lebensdauer von Talismanen & Amuletten,
Plündern von Safes & Intarsienschmuckkästen,
Mondlicht auf Schwefel, Himmelschluckerfeuer,
& deswegen bricht es mir beinahe das Herz,
wenn ein Mann tanzt, der Gaddafis Pistole
in die Höhe reckt & dabei weiß, die Sonne
folgt allem Glänzen, & indes das Junge
älter wird, lacht da immer ein Rabe
auf dem Pfosten eines Eisentors.

Minotaur

He circled the roundabout
of bullheaded desires, lost in the maze
among broken icons, traces of blood
& sunflower seed left on numbered stones.

He was taller than a man,
tall as a honey locust at the end of an alley.
He slipped a knot, a sword at the equinox,
& entered the village plaza, hooking the air
& wheeling in circles.

The night dropped her cape,
& then artisans were ordered
to strike the figure onto a coat of arms
& gold coins. His cock & nose ring.
The triple-six tattooed on his rump.
Roses etched their scent on the night.

Minotaurus

Er raste stur im Kreis um
stiere Begierden, verirrt im Gewirr
aus zerbrochenen Zeichen, Spuren von Blut
& auf Ziffersteinen liegengebliebenen Sonnenblumenkernen.

Er war größer als ein Mensch,
groß wie ein Honigdorn am Ende einer Sackgasse.
Er band einen Knoten, ein Schwert zum Äquinoktium,
& die Luft am Haken & wirbelnd im Kreis,
kam er auf den Dorfplatz.

Die Nacht ließ ihren Umhang fallen,
& darauf wies man Handwerker an,
die Figur in ein Wappen zu prägen & auf
Goldmünzen. Sein Schwanz- & Nasenring.
Auf sein Hinterteil tätowiert die drei Sechsen.
Rosen ätzten ihren Geruch auf die Nacht.

Longitudes

Before zero meridian at Greenwich
Galileo dreamt Dante on a ship
& his beloved Beatrice onshore,
both holding clocks, drifting apart.

His theory was right even if
he couldn't steady the ship
on rough seas beyond star charts
& otherworldly ports of call.

»But the damn blessed boat
rocked, tossing sailors to & fro
like a chorus of sea hags
in throes of ecstasy.«

My whole world unmoors
& slips into a tug of high tide.
A timepiece faces the harbor—
a fixed point in a glass box.

You're standing on the dock.
My dreams of you are oceanic,
& the Door of No Return
opens a galactic eye.

If a siren stations herself
between us, all the clocks
on her side, we'll find each other
sighing our night song in the fog.

Längengrade

Vorm Nullmeridian zu Greenwich
träumte Galileo von Dante an Bord
& dessen geliebter Beatrice am Ufer,
beide hielten Uhren, drifteten davon.

Seine Theorie war richtig, auch wenn
er das Schiff nicht festmachen konnte
auf der rauen See jenseits von Sternen
-karten & fernab liegenden Anlegehäfen.

»Das verflucht gesegnete Schiff aber
schwankte, warf Seeleute hin & her
wie einen Chor aus Meereshexen
in Zuckungen der Ekstase.«

Meine ganze Welt lichtet den Anker
& segelt hinein in den Sog der Flut.
Ein Chronometer weist gen Hafen –
fester Punkt im Glasgehäuse.

Du stehst auf dem Kai. Meine
Träume von dir sind ozeanisch,
& die Tür ohne Wiederkehr
öffnet ein galaktisches Auge.

Soll sich zwischen uns eine
Sirene stellen & hätte alle Uhren
auf ihrer Seite, seufzend im Nebel
unser Nachtlied, finden wir einander.

The Green Horse

The kneeling figure is from Yama or Carthage,
& I ask, What was his worth in gold, in salt,
spices, statuary, or commemorated axioms?
L, if we weren't brave enough to believe
we could master time, we wouldn't have
locked hands with old gods smelted down
in shops where crosses were etched above doors,
pressed into the coinage of a new empire,
& palm readers flogged in the market.
But of course there sits Marcus Aurelius
with stoic meditations on a borrowed tongue,
gazing out at sublime poppies, an eternal
battlefield, his hand extended as a scepter
over the piazza where his bronze horse
cantered up onto Michelangelo's pedestal
carved from marble steps of the temple
of Castor & Pollux, & we wait for him
to outflank the epochs of wind & rain.
L, everything around here is an epitaph.
Even the light. This morning, squinting out
a window as rays play off a stone cistern,
I hear someone whisper, »Waste no time
arguing about what a good man should be,
the worms will give us their verdict
by nightfall.« I don't know who said this,
but today, love, I'm brave enough to say,
Antiquity, here's my barbarian shadow
squatting under the horse's raised right hoof.

Das grüne Pferd

Die kniende Figur ist aus Yama oder Karthago,
& ich frage: Was war sie wert in Gold, in Salz,
Gewürzen, Statuen oder Andenkenmaximen?
L, wären wir beherzter gewesen im Glauben,
wir könnten der Zeit Herr werden, uns wären
die Hände nicht gebunden mit uralten Göttern,
eingeschmolzen in Werkhallen mit über Türen
geätzten Kreuzen, geprägt für das neue Reich
& auf dem Marktplatz ausgepeitschte Hand-
leser. Natürlich aber sitzt da Marc Aurel mit
stoischen Betrachtungen über eine geborgte
Sprache, blickt über erhabene Mohnblumen,
ein ewiges Schlachtfeld, seine Hand Zepter,
ausgestreckt über die Piazza, auf der sein
bronzenes Pferd auf Michelangelos Sockel
hinaufgetrabt ist, gehauen aus Marmorstufen
vom Castor & Pollux Tempel, & wir warten ab,
ob er die Wind- & Regen-Epochen übersteht.
L, alles, was mich umgibt hier, ist ein Epitaph.
Sogar das Licht. Heute Morgen vorm Fenster
seh ich eine Steinzisterne Strahlen ausspielen
& höre wen flüstern: »Vergeude keine Zeit mit
Diskussionen, wie ein guter Mensch sein sollte,
die Würmer verkünden ihr Urteil bei Anbruch
der Nacht.« Keine Idee, wer das gesagt hat,
heute aber, Liebes, sage beherzt genug ich:
Altertum, hier kauert mein Barbarenschatten
unterm erhobenen rechten Huf dieses Pferds.

Ode to the Oud

Gourd-shaped muse swollen
with wind in the mulberry,
tell me everything you're made of,
little desert boat of Ra.
Oblong box of Bedouin doves
pecking pomegranate seeds out of the air,
you're the poet's persona, his double
in the high priest's third chamber,
each string a litany of stars over the Sahara.
Pear-shaped traveler, strong but so light,
is there a wishbone holding you together?
I wish I knew how to open you up
with an eagle's feather or a pick
whittled from buffalo horn,
singing alive the dust of Nubia.
Rosewood seasoned long ago,
I wish I could close your twelve mouths
with kisses. Tongues strung in a row,
I wish I could open every sound in you.
I envy one blessed to master himself
by rocking you in his lonely arms.
Little ship of sorrow, bend your voice
till the names of heroes & courtesans,
birds & animals, prayers & love songs,
swarm from your belly.

Ode an die Oud

Kürbisförmige Muse, geschwollen
vom Wind im Maulbeerbaum,
nenn mir alles, woraus du gemacht bist,
kleines Wüstenboot des Ra.
Längliche Kiste für Beduinentauben,
die Granatapfelkerne aus der Luft picken,
du bist des Dichters Persona, sein Double
in der dritten Kammer des Hohepriesters,
jede Saite Sternenlitanei über der Sahara.
Birnenförmige Reisende, stark, aber so leicht,
gibt es ein Gabelbein, das dich zusammenhält?
Ich wünschte, ich wüsste, wie man dich öffnet
mit einer Adlerfeder oder einem Plektron,
geschnitzt aus Büffelhorn, das zurück
ins Leben singt den Staub von Nubien.
Palisander, getrocknet vor langer Zeit,
ich wünschte, ich könnte deine zwölf Münder
zuküssen. Zungen, aufgereiht auf eine Schnur,
ich wünschte, ich könnte jeden Ton in dir öffnen.
Ich neide jedem den Segen, sich zu beherrschen,
indem er dich in den verlassenen Armen wiegt.
Kleines Kummerschiff, neig deine Stimme,
bis die Namen von Helden & Kurtisanen,
Vögeln & Tieren, Gebeten & Liebesliedern
ausschwärmen aus deinem Bauch.

Precious Metals

After the MRI & robot
made of precious metals,
some heretical go-between
shouted all the tautologies
& fruitless apologies to the planet.
I came to you, saying, Please
look into my eyes & tap a finger
against my heart to undo
every wrong I've ever done,
every infraction done to me
in the country of crab apple
& honeysuckle. I want to
toy with each blade of grass
& ripening plum, to suck the
last salutation from doubt,
& mount a dancer's platform.
I've outlived silent seasons
whipped bloody & ransomed.
But let us ride the big wheel
into dawn, a naked kiss.
I say, If you wish to trouble
my persona or need to break
my bones to show me mercy,
then get on with your work
& fix me the way a Delta blues
fixes a muddy river's night sky.

Edelmetalle

Nach dem MRT & Roboter,
gefertigt aus Edelmetallen,
rief ein ketzerischer Vermittler
alle Tautologien & bat umsonst
den Planeten um Vergebung.
Ich kam zu dir & sagte: Bitte
sieh mir in die Augen & klopf
auf mein Herz, bis gut wird
alles, womit ich je falsch lag,
alles, was man mir je antat
in dem Land von Schrumpel
-apfel & Geißblatt. Ich möchte
spielen mit jedwedem Grashalm
& fast reifen Pfläumlein, das letzte
Grüßen aus dem Zweifel saugen
& auf eine Tanzbühne klettern.
Hab stille Sommer überdauert,
blutig gepeitscht & freigekauft.
Nur lass uns Riesenrad fahren,
bis es Tag wird, nackt ein Kuss.
Gut, willst du mir an der Fassade
kratzen oder musst mir die Knochen
brechen, um Mitleid mit mir zu haben,
dann an die Arbeit, & mach mich heil,
wie ein Deltablues den Nachthimmel
heil macht überm schlammigen Fluss.

The Work of Orpheus

He blows a ram's horn at the first gate of the third kingdom, & one would swear it sounds like questions in the air. He walks down a troubadour's path that comes to a halt as if his song has broken in half, standing on cobblestones that stop before tall waves below. Whatever was here is now gone, except for a percussive whisper of mail & swords. He knows the sea is a keeper of records. Gazing up at the sun, he shakes his head & walks toward a refugee camp with a sack of beans, bread, dried tomatoes, & fish, where he plays »Hallelujah« on a toy trumpet. He knows they hate a bugle blown at dawn, or the sound of taps. A sloping path toward the center of town leads him to a prison made of river stones & thatch. The faces behind bars wait for him. Does he dare to raise his reed flute to his lips this mute hour? The sun sinks like a clarion, an old war cry across windy grass or questions in the air. He goes to the rear door of the slaughterhouse & plays his Pan fife till the flies go, as the workers speak of days they drank rose water. He heads down along the creek's muddy bank, finds a fallen tree, sits, & raises the clay flute to his lips. A magpie lands on a branch a foot away. He stops playing, whispers to his messenger, Okay, now go out there & tell them.

Wie Orpheus arbeitet

Er bläst in ein Widderhorn am ersten Tor des dritten Königreichs, & man würde schwören, es klingt wie Fragen in der Luft. Er folgt der Fährte eines Troubadours, bis sie sich verliert, als wäre dessen Gesang in zwei Hälften zerbrochen, & steht auf Pflastersteinen da, die vor hohen Wellen weiter unten abrupt enden. Was auch immer hier war, abgesehen von einem rasselnden Geflüster von Rüstung & Schwertern ist es verschwunden. Er weiß, das Meer führt Buch. Er blickt zur Sonne auf, schüttelt den Kopf & geht mit einem Sack Bohnen, Brot, getrockneten Tomaten & Fisch zu einem Flüchtlingslager, wo er auf einer Spielzeugtrompete »Halleluja« spielt. Er weiß, sie hassen ein im Morgengrauen geblasenes Horn oder Klopfgeräusche. Ein abschüssiger Weg Richtung Stadtzentrum führt ihn zu einem aus Flusssteinen & Dachstroh gebauten Gefängnis. Die Gesichter hinter Gittern erwarten ihn. Traut er sich, in dieser stillen Stunde seine Rohrflöte an die Lippen zu heben? Die Sonne sinkt wie eine Fanfare, ein alter Kriegsschrei über winddurchbraustem Gras oder Fragen in der Luft. Er geht zur Hintertür des Schlachthauses & spielt auf seiner Panflöte, bis die Fliegen verschwinden, während die Arbeiter von Tagen reden, als sie Rosenwasser tranken. Am Ufer entlang folgt er dem schlammigen Flüsschen talwärts, findet einen umgestürzten Baum, setzt sich & hebt die Tonflöte an die Lippen. Eine Elster landet auf einem Ast keinen halben Meter entfernt. Er hört auf zu spielen, flüstert seinem Boten zu: »Alles klar, flieg los jetzt & sag's ihnen.«

VII Requiem

VII Requiem

So,
when the strong unholy high winds
whiplashed over the sold-off marshlands
eaten back to a sigh of salt water,
the Crescent City was already shook down to her pilings,
her floating ribs, her spleen & backbone,
left trembling in her Old World facades
& postmodern lethargy, lost to waterlogged
memories & quitclaim deeds,
exposed for all eyes, damnable
gaze, plumb line & heartthrob,
ballast & water table,
already the last ghost song
gone, no more than a drunken curse
among oak & sweet gum leaves, a tally
of broken treaties & absences echoing
cries of birds over the barrier islands
inherited by the remittance man, scalawag,
& King Cotton, & already the sky
was falling in on itself,
calling like a cloud of seagulls
gone ravenous as the Gulf
reclaiming its ebb & flowchart
while the wind banged on shutters
& unhinged doors from their frames
& unshingled the low-ridged roofs
while the arch-believers hummed
»Precious Lord« & »Deep River«
as the horsehair plaster walls
galloped along with the surge,
already folklore began to rise up
from the buried lallygag & sluice
pulsing beneath the Big Easy

Und so,
als die kräftigen, heillosen Sturmböen
hinpeitschten über die verhökerten, zum Seufzen
aus Salzwasser abgenagten Sumpfgebiete,
war die Mondsichelstadt schon bis auf ihr Pfahlwerk erschüttert,
ihre Schwimmrippen, ihre Milz & ihr Rückgrat,
bibbernd zurückgelassen in Alte-Welt-Fassaden
& postmoderner Lethargie, verloren an durchtränkte
Erinnerungen & Verzichtserklärungen,
für alle Welt sichtbar, verdammtes
Gegaffe, Richtschnur & Schwarm,
Ballast & Wasserspiegel,
schon letztes verklungenes
Geisterlied, nur mehr betrunkener Fluch
zwischen Eichen- & Seesternbaumlaub, abgehakt
gebrochene Verträge & Ausfälle, nur Nachhall
kreischender Vögel über den Düneninseln,
das Erbe von Kohlekolonist, Taugenichts
& König Baumwolle, & schon stürzte er
in sich zusammen, der Himmel schrie
einer Wolke Möwen gleich, gefräßig,
wie der Golf zurückverlangte sein
Ebbe- & Flussdiagramm, indessen
der Wind an die Läden wummerte
& Türen aus ihren Rahmen drückte
& die niedrigen Dachfirste abdeckte,
während die Erzgläubigen summten
vom »Precious Lord« & »Deep River«,
& mit Rosshaargips verputzte Wände
auf der Dünung davongaloppierten,
schon entstieg erneut Folklore dem
begrabenen Gammeln & Strömen,
Pochen unter Big Easy, Rollen

rolling between & through itself,
caught in some downward tug
& turn, like a world of love affairs
backed up in a stalled inlet,
a knelt-down army of cypress,
a testament to how men dreamt land
out of water, where bedrock
was only the heart's bump
& grind, its deep, dark churn
& acceleration, blowsy down
to those unmoored timbers,
already nothing but water
mumbling as the great turbulent eye
lingered on a primordial question,
then turned, the gauzy genitalia of Bacchus
& Zulu dangling in magnolias & rain trees,
& already *The Book of the Dead*
unfolded pages, & water rose
to leaf through the before
& after, the benedictions
& prayers spoken in tongues
rising in the tide of flotsam
& debris of fallen churches
across the Lower Ninth, slush
working its way up clapboard
& slave-brick walls of houses
tilted in a dirge, up the last rung
of the ladder, up to the voices
caught in an attic, & then stopped
in midair like a hundred washing
machines churning, & already
cries from a domed purgatory
broke from the storm within
where proxy armies clashed
on weekends, & for a moment,

dazwischen & durch sich selbst,
gefangen in einem Abwärtssog
& Spin, wie eine Welt aus Liebes
-affären, in einem Zufluss Pfropf,
ein kniendes Heer aus Zypressen,
ein Zeugnis dafür, wie Menschen
Land aus Wasser erträumten, wo
Felsgrund nur das Herzgehämmer
& -mahlen war, tief, dunkel Wühlen
& Beschleunigen, siffig bis runter
zu diesen losgerissenen Balken,
schon nichts weiter als nur Wasser,
Murmeln, da das große Turbulenzauge
bei einer Urfrage verweilte, ehe es abdrehte
& die durchscheinenden Genitalien von Bacchus
& Zulu baumelten in Magnolien & Regen
-bäumen, & schon entfaltete sich *Das*
Buch der Toten, & stieg das Wasser,
um durchzublättern das Vorher
& Nachher, die Segnungen
& in Zungen geredeten Gebete,
die stiegen mit der Flut aus Treibgut
& Trümmern der zusammengestürzten
Kirchen überall im Lower Ninth, Schlick,
der hochkroch an den Wandschindeln
& Sklavenziegeln von im Klagegesang
umgekippten Häusern, hoch zur letzten
Leitersprosse, hoch zu auf einem Dach
-boden eingesperrten Stimmen, & dann
wie hundert kreisende Waschmaschinen
mitten in der Luft stehen blieb, & schon
brachen aus einer gewölbten Vorhölle
Schreie aus dem Sturm tief im Innern,
wo an Wochenenden Stellvertreterheere
aufeinanderstießen, & für einen Moment,

as if we aren't here, demons ride
the shoulders of outlaw angels
through streets of an antiworld
where thieves of bread & milk
are clubbed to brick sidewalks
by keepers of the law as the levee's
uncorked boom drowns the solo
of Bolden's cornet driving a note
up the long river of rivers, saying,
I'm the mama & papa of ragtime,
& already a hush came to those
trapped behind barred windows
& waterlines measuring the sag
in the dragline as bottom fish
floated up, lost in the Big Muddy
unburying the wormy compost
of days rotting in the darkness,
& a windup toy inching along
crawfish mud & bloody slag,
& already they're turning pages
of the uncharted old lost seasons
footnoted in the abridged maps
warning of man-eating savages,
to Jean-Baptiste's flotilla of 6 ships
carrying 6 carpenters & 30 convicts
to rip out miles & miles of saw vines
& dig trenches, born to erect makeshift
shelters of raw sappy wood & speculate
on their stolen dreams, the engineer
Pierre Le Blond de la Tour saying, No,
not here, the river will never stop trying
to reclaim what's taken from her, even if
we build earthen walls to block her reach
because she will go around, under, or over,
& already the spine of their logbook

als gäb's uns gar nicht, reiten Dämonen
auf den Schultern ausgestoßener Engel
durch Straßen einer Gegenwelt, in der
Diebe von Brot & Milch von Hütern des
Gesetzes auf Gehsteigen aus Backstein
niedergeknüppelt werden, während der
Knall des entkorkten Deiches Boldens
Kornettsolo ertränkt, als es einen Ton
den langen Fluss der Flüsse rauftreibt
wie: Bin Mama & Papa des Ragtime,
& schon verstummten alle, die waren
gefangen hinter vergitterten Fenstern
& den Pegelstand maßen am Sacken
der Zugleinen, als vom Grund Fische
hochspülten, verloren im Big Muddy,
der den wurmigen Moder exhumierte
aus im Finstern verrottenden Tagen,
& ein Aufziehspielzeug träge hinkroch
durch Krebsmatsch & blutige Schlacke,
& schon blättern sie die Seiten um der
unvermerkten, verlorenen alten Zeiten,
Fußnoten zu den eingekürzten Karten,
die vor Menschenfresserwilden warnten,
hin zu Jean-Baptistes Flotte aus 6 Schiffen,
an Bord 6 Zimmerleute & 30 Sträflinge, um
Meile für Meile Stechwinden auszureißen
& Gräben auszuheben, da, um notdürftige
Unterkünfte aus triefendem Holz zu hauen
& im Sinn ihre Träume, Raub, da Ingenieur
Pierre Le Blond de la Tour meinte: Nein,
nicht hier, der Fluss wird nie aufhören,
zurückzuverlangen, was man ihm nahm,
& dämmen wir ihn auch ein in Erdwällen,
er findet herum, hindurch oder darüber,
& schon brach das Rückgrat ihres Log

of calculations was broken & splayed
as newcomers hailed from far reaches
as pirates, woodsmen, & money changers
(all hard men), ready to claim coffin-girls
ferried in by high churches of France,
& already a thick wavy vein of ink
widens into midnight, into daybreak,
the wind drawing Audubon's ghost
through the almost gone, straggly
grass, out into the oily marsh bog
where disappearing land begs no footprint,
out to where hard evidence rainbows
up, leaving thousands hurting to be
counted as no more than sea turtle,
eel, brown pelican, egret, mud puppy, crab,
& already water wounds everything
into uncountable small deaths moored
in cypress, stinking up our springtime
with a pestilence going to the dark ages
on harbors where boats sway shifting light,
the dead talking to us from a masterpiece,
saying, We are forbidden to remember
we were defeated by what we devoured,
& already from a mile down plumes
keep rising up through weeks & months,
animal cries & the language of robots
where BP diving machines moonwalk,
surging as long-ago drowned shadows
of carrier pigeons drag up hellish silence,
& already the first »climate refugees«
are those who first built the aqueducts
to route fresh artesian springs from salt,
& now watch nature take back what was
stolen from them, treasuring know-how
passed down, who gather Gulf grasses

-buches aus Berechnungen & bog sich,
da aus aller Herren Ländern eintrudelten
Piraten, Holzfäller & Geldwechsler (alle
harte Kerle), erpicht auf die vom Klerus
Frankreichs verschifften Sargmädchen,
& schon ergießt sich eine Ader voll Tinte
pulsend auf Mitternacht & Tagesanbruch,
da der Wind Audubons Gespenst hinjagt
durch das fast verschwundene, struppige
Gras, hinaus in den öligen Moorlandmorast,
wo sich verlierendes Land Spuren nicht fordert,
dorthin, wo sichere Beweise dastehen regen
-bogengleich, & tausende Zurückgelassene
sich verzehren, nicht mehr zu zählen als See
-schildkröte, Aal, Braunpelikan, Reiher, Olm, Krebs,
& schon verwundet das Wasser alles, & alles
wird ein zahllos kleiner Tod, festgemacht in
Zypressen, überzieht mit einem Pesthauch
unseren Frühling wie in den dunklen Zeiten
Häfen, als Bootgeschaukel Licht verschob
& Tote uns aus einem Meisterwerk heraus
erzählten: Uns ist verboten, uns zu erinnern,
dass uns besiegt hat, was wir verschlangen,
& schon steigen über Wochen & Monate aus
einer Meile Tiefe immer neue Schwaden auf,
Tiergeschrei & die Sprache von Robotern, wo
BP-Tauchdrohnen schreiten wie auf dem Mond,
schwellen an wie vor langer Zeit das höllische
Schweigen ertrunkener Brieftaubenschatten,
& schon sind die ersten »Klimaflüchtlinge« sie,
die die ersten Aquädukte bauten, um frische
artesische Quellen umzuleiten vom Salz,
& jetzt zusehen, wie Natur sich zurückholt,
was ihnen geraubt wurde, zu schätzen über
-liefertes Knowhow, Golfgräser zu verflechten

to weave baskets, whittle spirit totems
perfectly, train bird dogs, plot new stars
circling above mysteries of everyday lives,
& raising their small houses eight feet
high on pilings—as if some land bridge
to early Biloxi-Chitimacha-Choctaw—
who pick berries, trap rabbit & hunt deer
& quail, harvest crawdads, hook catfish
& gig fat bullfrogs, still singing to heal
wounds, still unable to leave their dead
who never surrendered, & already—

zu Körben, perfekt geschnitzte Geisttotems,
Jagdhunde ausbilden, Kreisen neuer Sterne
über den Mysterien des tagtäglichen Lebens,
& ihre kleinen Häuser errichten acht Fuß hoch
auf Pfählen – als gäbe es noch eine Landbrücke
wie früher zwischen Biloxi-Chitimacha-Choctaw –,
die Beeren pflücken, Kaninchen fangen & Hirsche
& Wachteln, Flusskrebse sammeln, Welse angeln
& fette Ochsenfrösche aufspießen, weiter singen,
um Wunden zu heilen, & weiter festhalten müssen
an ihren Toten, die nie aufgesteckt haben, & schon –

VIII   Mojo Songs

VIII   Mojo Songs

Shelter

Becky grew up in the provinces of the blackest, richest Delta silt this side of cut & run. When the wind rampaged in from the east she could taste the soil, & naturally it was biblical. The boy came one June morning to work on her daddy's egg farm. Both were fourteen—he three days older than she. His job was to feed the two-thousand-odd white leghorn hens, to gather the pearly ovals in baskets & carry them to the grading shed where Stella cleaned off flecks of shit & held each egg up to a beaming light, then placed them into white dozen-size papery cartons. Sometimes Becky worked beside the tall black woman for the fun of it, mirroring her moves. Also, she liked looking at the boy gathering the eggs. But they didn't dare let anyone else see their catlike eyes. In their four years of stolen kisses they grew into each other. They'd lie in the tall grass, trembling in an embrace. But one day the boy enlisted in the army. Stella would say, »Miz Becky, I know a lady who can take that spell off ya.« Of course, Becky would say, »I don't know what you talkin 'bout, Stella.« A year later, Becky married Buster Collins from across the river. The couple built a nice brick bungalow two miles down the road. She kept saying, »Buster, I wanna baby.« Three years passed. The boy came back. He began driving a tractor & trailer across country. To this day Becky can't say why she slipped Stella the note to give him. *When the setting sun lights the door of the hayloft.* The two began to meet. It didn't make sense, they both declared. But one night they caught themselves in the bedroom while Buster sat in the living room watching championship wrestling, drinking his bottles of Dixie. The boy almost called Buster's name. He whispered to Becky, »Never again.« She pounded her fists against his chest, saying, »Over my dead body.« That was the night she ran from the bedroom crying. That was the night she told the sheriff the window was open but she only heard bullfrogs in the gully before she felt his knife at her throat. She didn't holler because she saw murder in his eyes. When the sheriff & his two deputies stopped the truck at the state line, the sheriff said, »Boys, looka here, a dead nigger drivin a big

Zuflucht

Becky wuchs in den Gebieten des schwärzesten & fettesten Delta-schlicks diesseits des Nichts-wie-weg auf. Blies der Wind aus Osten & randalierte, konnte sie die Erde schmecken, & natürlich war alles biblisch. Der Junge kam an einem Junimorgen, um auf der Eierfarm ihres Daddys zu arbeiten. Beide waren sie vierzehn – er drei Tage älter als sie. Sein Job war es, die zweitausend & schieß-mich-tot weißen Leghorn-Hühner zu füttern, die Perlmuttovale in Körben einzusammeln & sie zum Sortierschuppen zu tragen, wo Stella die Kackeflecken entfernte, jedes Ei hochhielt gegen einen Strahler & es dann in einen weißen Zwölferkarton legte. Ab & zu arbeitete Becky nur aus Spaß neben der groß gewachsenen schwarzen Frau & wurde Spiegelbild ihrer Bewegungen. Außerdem sah sie dem Jungen gern dabei zu, wie er die Eier einsammelte. Doch wen anderen ihre katzengleichen Blicke sehen zu lassen, trauten sie sich nicht. In ihren vier Jahren voller geraubter Küsse wuchsen sie zusammen. Zitternd lagen sie sich im hohen Gras in den Armen. Aber dann ging der Junge zur Army. Stella sagte: »Miz Becky, ich kenn da so eine Lady, die befreit Sie von dem Fluch.« Klar sagte Becky: »Keinen Schimmer, wovon Du redest, Stella.« Ein Jahr später heiratete Becky Buster Collins vom anderen Flussufer. Zwei Meilen die Straße runter baute sich das Pärchen einen hübschen Backsteinbungalow. Immer wieder sagte sie: »Buster, ich willen Baby.« Drei Jahre vergingen. Der Junge kam zurück. Er fing an, einen Traktor mit Anhänger durch die Gegend zu fahren. Bis heute weiß Becky nicht, wieso sie Stella damals den Zettel für ihn zugesteckt hat. *Wenn die Sonne untergeht & aufs Tor zur Tenne scheint.* Die beiden fingen an, sich zu treffen. Hat keinen Sinn, erklärten beide. Dann aber waren sie plötzlich eines Nachts im Schlafzimmer, während Buster im Wohnzimmer saß, sich die Wrestling-Meisterschaft ansah & seine Flaschen Dixie trank. Fast hätte der Junge Buster gerufen. Er flüsterte Becky zu: »Nie wieder.« Sie schlug ihm mit Fäusten gegen die Brust & meinte: »Nur über meine Leiche.« Das war die Nacht, als sie weinend aus dem Schlafzimmer rannte. Das war die Nacht, als sie dem

fancy rig to hell.« He didn't try telling them his side of the story. If he had, they would've killed him on the spot. Mayflies clogged the air. They dragged him bloody into a jail cell. A hoot owl called. Just before daybreak the mob appeared. The sheriff handed over the keys. Years later, after what happened, his name was the answer to an unspeakable divination. It had something to do with a tin coffee can of charred bones & ashes in a shoebox of dried rose petals. Becky said there are legends that eat graveyard clay, though she never could wrap her mind 'round that one. She caught a sundown Greyhound headed north & thought of Stella's drinking gourd. Its orangey-gold hue. Now, she sits on a midnight curb in a ghetto, beckoning to whatever danger walks near, still trying to decide what Billie Joe McAllister & that girl tossed off the Tallahatchie Bridge. Was it life or death? Or some damnable other something, a heavy lodestone? Becky always had an imagination to die for. Hadn't that song showed her feet the highway? Now, after all these years, all the other stories were balled up in hers. She gazes up crook-eyed at the sky, a Delta sunset tamped down into her bones, & now a limp easing into her left leg.

Sheriff sagte, das Fenster sei offen gewesen, sie aber habe im Graben nur Ochsenfrösche gehört, ehe sie sein Messer an der Kehle spürte. Geschrien habe sie nicht, weil sein Blick mörderisch war. Als seine beiden Deputys & er den Truck an der Staatsgrenze stoppten, sagte der Sheriff: »Guckt euch das an, Jungs, ein toter Nigger, der eine fette Luxusschüssel in die Hölle kutschiert.« Er versuchte gar nicht, ihnen seine Version der Geschichte klarzumachen. Hätte er's, sofort wäre er von ihnen kaltgemacht worden. Die Luft voller Eintagsfliegen. Sie schleppten ihn blutüberströmt in eine Zelle. Ein Käuzchen rief. Kurz vor Tagesanbruch tauchte der Mob auf. Der Sheriff gab die Schlüssel raus. Nach allem, was passiert war, löste sein Name Jahre später eine unaussprechliche Weissagung ein. Sie hatte mit einer Kaffeedose voll verkohlter Knochen & Asche in einem mit getrockneten Rosenblüten ausgepolsterten Schuhkarton zu tun. Becky sagte: Gut, manche Legenden erhält vielleicht der Lehmboden von Friedhöfen am Leben, aber denen glaube sie nicht. Spät am Abend erwischte sie einen Greyhound Richtung Norden & dachte an Stellas Trinkflasche. Ihre orange-goldene Farbe. Jetzt sitzt sie auf einem mitternächtlichen Bordstein in einem Armenviertel, winkt allem zu, was sich gefährlich nähert, & versucht immer noch zu ergründen, wieso Billie Joe McAllister & dieses Mädchen von der Brücke über die Tallahatchie gesprungen sind. War das Leben oder der Tod der Grund? Oder zog sie was anderes so verflucht magnetisch runter? Becky hatte immer eine Vorstellung davon, wofür es sich zu sterben lohnt. Wies ihr der Song nicht den Weg? Ja, nach all den Jahren ballten sich alle anderen Geschichten in ihrer zusammen. Schiefen Blicks guckt sie zum Himmel, in einen Sonnenuntergang überm Delta, der ihr in die Knochen fährt, & schon hinkt sogar ihr linkes Bein viel weniger.

The Mushroom Gatherers

The hard work of love sealed
in language has stolen me far
from home, from the fields,
& I see morning mist rising
where they borrow ghosts
to get even with each other,
harvesting vegetable & fruit
close as we can get to dirt.
I glimpse shadows smudged
in trees lining the highway
where night & day commingle,
or as a season moves this slow hour,
saying, Bad things happened here.
At first, the figures seem to be
staring into earth, like migrants
who work Florida & California,
unearthing what we live to eat.

We know the men from women
by the colors they wear, sweat
ringing their lives in gray shade,
& our bus makes the mushroom
gatherers with pails & canvas bags
blur among the trees as if shutters
are opening & closing, as the mind
runs to keep up. But the road forks
here in eastern Europe, & I hardly
can see faces in the door of leaves.
The women know where to stand
in the clearing, how each trucker
slows down to make the curve,
& cannot miss yellow or purple.
He honks his loud bluesy horn,

Die Pilzsammler

Die harte Arbeit aus Liebe, versiegelt
in der Sprache, sie hat mich weit weg
von daheim geführt, von den Feldern,
& ich seh den Morgennebel aufsteigen,
wo sie sich gegenseitig Geister borgen,
um miteinander ins Reine zu kommen,
Gemüse & Früchte zu ernten, so dicht
wie möglich wir an den Dreck gelangen.
Kurz seh ich Schatten, verwischt in den
Bäumen entlang der Chaussee, wo sich
Nacht & Tag mischen, ja als würde diese
zähe Stunde von einer Jahreszeit bewegt
sagen: »Hier sind üble Sachen passiert.«
Zuerst scheinen die Gestalten hinein in
den Erdboden zu starren, wie Migranten,
die Florida & Kalifornien beackern & das
ausgraben, was wir zum Leben brauchen.

Wir unterscheiden Männer von Frauen an
den Farben, die sie tragen, dem Schweiß,
der ihr Leben mit grauen Schatten umgibt,
& unser Bus lässt die Pilzsammler mit ihren
Eimern & Leinenbeuteln unter den Bäumen
verschwimmen, als würden Sonnenblenden
sich öffnen & schließen, sobald der Verstand
Schritt zu halten versucht. Aber die Straße,
die gabelt sich hier in Osteuropa, & ich kann
in der Tür aus Laub kaum Gesichter erkennen.
Die Frauen wissen genau, wo auf der Lichtung
sie sich hinstellen müssen, dass jeder Trucker
langsamer fährt, um ja die Kurve zu kriegen,
& Gelb oder Lila gar nicht übersehen kann.
Er hupt mit dem lauten, bluesartigen Horn,

idling at the bottom of the hill
on a thin shoulder of blacktop.

sobald er am Fuß des Hügels im Leerlauf
auf einem schmalen Asphaltstreifen wartet.

The Body Remembers

I stood on one foot for three minutes & didn't tilt
the scales. Do you remember how quickly

we scrambled up an oak leaning out over the creek,
how easy to trust the water to break

our glorious leaps? The body remembers
every wish one lives for or doesn't, or even horror.

Our dance was a rally in sunny leaves, then quick
as anything, Johnny Dickson was up opening

his wide arms in the tallest oak, waving
to the sky, & in the flick of an eye

he was a buffalo fish gigged, pleading
for help, voiceless. Bigger & stronger,

he knew every turn in the creek past his back door,
but now he was cooing like a brown dove

in a trap of twigs. A water-honed spear
of kindling jutted up, as if it were the point

of our folly & humbug on a Sunday afternoon, right?
Five of us carried him home through the thicket,

our feet cutting a new path, running in sleep
years later. We were young as condom-balloons

flowering crab apple trees in double bloom
& had a world of baleful hope & breath.

Der Körper erinnert sich

Ich stand drei Minuten lang auf einem Fuß & verlor nicht
das Gleichgewicht. Erinnert ihr euch, wie schnell

wir die über das Flüsschen geneigte Eiche rauf sind,
wie leicht wir dem Wasser zutrauten, unseren glorreichen

Sprüngen den Garaus zu machen? Der Körper erinnert sich
an jeden Wunsch, für den man lebt oder nicht, selbst den Horror.

Unser Tanz war Demo in sonnendurchschienenem Laub, dann
Johnny Dickson plötzlich schnell wie nichts oben, spreizte

seine breiten Arme weit in die höchste Eiche, winkte
zum Himmel, & schneller als man gucken konnte

war er ein aufgespießter, hilfloser Riesenkarpfen
ohne Stimme. Größer & kräftiger als alle,

kannte er jede Krümmung des Bachs hinterm Haus,
gurrte jetzt allerdings wie eine braune Taube

in einer Zweigfalle. Eine vom Wasser geschliffene
Speerspitze ragte aus dem Kleinholz unseres Irrsinns

& Humbugs an einem Sonntagnachmittag, stimmt's?
Fünf von uns trugen ihn durchs Dickicht heim,

unsere Füße trampelten einen neuen Pfad, Jahre noch
Weg im Traum. Wir waren jung wie Kondom-Ballons,

ließen Schrumpelapfelbäume doppelt in Blüte stehen
& hatten eine Welt aus unheilvollem Hoffen & Atmen.

Does Johnny run fingers over the thick welt
on his belly, days we were still invincible?

Sometimes I spend half a day feeling for bones,
humming a half-forgotten ballad

on a park bench a long ways from home.
The body remembers the berry bushes

heavy with sweetness shivering in a lonely woods,
but I doubt it knows words live longer

than clay & spit of flesh, as rock-bottom love.
Is it easier to remember pleasure

or does hurt ease truest hunger?
Our summer, rocking back & forth, uprooting

what's to come, the shadow of the tree
weighed as much as a man.

Betastet Johnny den dicken Striemen auf seinem Bauch
aus der Zeit, als wir noch unbesiegbar waren?

Manchmal spür ich den halben Tag lang Knochen nach
& summe dabei eine halbvergessene Ballade

auf einer Parkbank weit weg von zu Hause.
Der Körper erinnert sich, wie Beerensträucher

im menschenleeren Wald schwer vor Süße bebten,
nur weiß er wohl kaum, so wie tiefste Liebe,

Worte leben länger als Lehm & Fleischspieß.
Ist es leichter, sich an Freude zu erinnern,

oder lindert Schmerz den wahrsten Hunger?
Unser Sommer Schaukeln, hin & her, Ausjäten

der Zukunft, wog der Baumschatten
so viel wie ein Mensch.

Die Musik war beinahe heilig
Zu Yusef Komunyakaa und seinen Gedichten

Nachwort von Mirko Bonné

What good is love / Mmm, that no one shares
Clyde Otis

Wer dieses Buch aufschlägt, liest womöglich zuerst von einem Pulk Kindersoldaten, die, in Frauenkleidern, berauscht von Koks und herumballernd mit Kalaschnikows, auf einer Straße am Stadtrand ein Rambazamba veranstalten und dazu wild tanzen – ein verstörendes Bild auf dem Kipppunkt zur Gewalt, das nur wenigen vertraut sein dürfte, sich aber auch in unsere, in westliche Zusammenhänge übersetzen lässt. Noch gespenstischer setzt es sich fort:

> Die hageren Köter wittern den Tod
> im Halblicht der Wege. Die Frauen
> & Mädchen flüchten wie Webervögel
> aus den riesigen Urahnenbäumen.

Anhand der Strophenstruktur ist ein Sonett zu erkennen oder dessen postmoderne Ruine – eine Anverwandlung. Auf zwei ungereimte, des Versfußes ledige Quartette folgen zwei genauso freie Terzette. Von unguten Vorahnungen erlösen auch ihre Zeilen nicht:

> Fetische verlacht, laufen die Flinten
> Amok. Geister patrouillieren ums Dorf,
> & die Nacht will die Zimmer erneuern.

> Die Frauen & Mädchen kehren zurück,
> versteckt im Innern ein Rebellenheer.
> Die Götter klettern höher in die Bäume.

Mit diesem Reißausnehmen von Gottheiten in die Baumkronen endet das Gedicht aus dem Zyklus *Liebe in den Zeiten des Krieges*, das wie ein im Videoclip geisterhaft zerdehntes Sonett wirkt. Nichts gutes Altes oder gar Erbauliches wohnt dem gesprengten Korsett mehr inne, höchstens bewahrt es eine absurde Ahnung davon. Nur ein ungutes Gefühl bleibt, eingegeben durch eine Sprache, die so vollendet ist, dass sie kein Pardon kennt: Auf dieses menschliche Versagen wartet keine Erlösung.

Mit Yusef Komunyakaa verändert sich zu Beginn des 21. Jahrhunderts das Antlitz der zeitgenössischen US-amerikanischen Dichtung. Es wurde höchste Zeit. Komunyakaa dürfte in die Geschichte eingehen als die erste poetische Stimme, der es gelingt, das Wesen des Jazz und seiner auf Improvisation und Zusammenspiel gründenden Klanglichkeit in überzeugender, so verstörender wie bestrickender Weise zu übersetzen in unserer zersplitterten Zeit angemessene Verse, ohne dabei in die vielen findig ausgelegten Fallen zu tappen, die daraus »Südstaatenlyrik« oder eine *Black Poetry* zu machen versuchen. Ein afroamerikanischer Dichter von Weltrang erhebt hier die unverwechselbar elektrisierende Stimme. Seine Hautfarbe und seine kulturelle Herkunft sind sein Hintergrund und seine dichterische Waffe, nie aber geht es ihm allein um diese *blackness*.

Komunyakaa ist Korrespondent im wahren Wortsinn, Brückenbauer in mehrfacher Hinsicht. Die *bridge* im Song bindet dessen einzelne Elemente aneinander, phrasiert deren Melodiken, führt Disparates zu einem wahrnehmbaren Gesamteindruck des Stücks zusammen, indem sie sämtlichen Einzelteilen die Eigenständigkeit belässt. Aus eigener Erfahrung weiß Komunyakaa um die Texturen der Harmonik und ihrer Brüche, um die Vielzahl der in einer einzigen Stimme enthaltenen Instrumente. Zum ersten Mal Jazz hörte er in den 1950ern in Louisiana: In einem Radio aus Holz blies Louis Armstrongs Trompete eine von Dinah Washington gesungene Clyde Otis-Ballade. Der Klang der Bibel und der Gospels, die seine Großeltern in der Kirche mitsangen, prägten ihn ebenso wie Shakespeares Sonette, die ihm sein Großvater zum Lesen gab, lange bevor er antike, mittelalterliche, provençalische und moderne Dichter und Dichterinnen selbst entdeckte. »Was mich zur Kraft der Worte geführt hat, sind Liedtexte«, verrät er in einem Interview, »durch Songs habe ich zuzuhören gelernt.« Komunyakaa ist überzeugt, dass man Musik und Klangrhythmen im eigenen Umfeld nicht nur aufnimmt und sich zu eigen macht, sondern dass wir durch dieses musikalische Gedächtnis alles verinnerlichen, was wir äußern, ob in mündlicher, schriftlicher oder bildlicher Form.

Die Ausnahmestellung, die seine Dichtung in der englischsprachigen Poesie des 21. Jahrhunderts einnimmt, besteht allerdings nicht in der Ausweitung des dichterischen Horizonts seit Eliot, Plath, Creeley, Ashbery oder jüngerer Stimmen. Die Harlem Renaissance um Langston Hughes, Zora Neale Hurston, James Weldon Johnson und Jean Toomer hat ihn hörbar tief beeinflusst. Vielmehr nimmt Komunyakaas Stimme anders als beinahe alle anderen zeitgenössischen sämtliche Einflüsse auf, seien es romantische, impressionistische, expressionistische, avantgardistische oder strukturalistische, schwarze oder weiße, und verwandelt sie in heutige, gegensätzliche Diskurse versöhnende Gedichte.

Musik ermöglicht es in seinen Augen, komplexeste Fragen von kultureller Herkunft und Prägung sowie von zwischenmenschlichen Beziehungen, Missverständnissen und Konflikten auszuloten. Über das subtile Verhältnis zwischen Musik und Poesie hat sich Komunyakaa, der seit den 1980er Jahren mit zahlreichen Musikern zusammenarbeitete, immer wieder geäußert. So sollte sich Dichtung nach seiner Ansicht nicht auf den Versuch reduzieren, musikalische Elemente selbst wiederzugeben. Zu klanglicher Imitation erklärt er: »Ich habe mir vor Jahren ein für alle Mal klargemacht: Ich bin keine Trompete. Mich verstört, wenn Lyrik versucht, sich durch möglichst haargenaue Nachahmung von Instrumenten mit der Musik gleichzusetzen. Was dabei entsteht, ist weder Musik noch Lyrik.«

Seine musikalischen Inspirationsquellen gehen auf afroamerikanische Musiker der 1950er und 1960er Jahre zurück, die Vorurteile überwanden, aufoktroyierte Hautfarbengrenzen bei der Wahl ihrer Bandmitglieder ignorierten und trotz anhaltendem Rassismus auch in kulturellen Zusammenhängen vom Publikum akzeptiert wurden. Für Komunyakaa versinnbildlichen ihre Karrieren die Fähigkeit der Musik, Menschen menschlicher zu machen und aufeinander zuzubewegen. Musik ist für ihn »Demokratie in Aktion«.

Wie viele US-amerikanische Dichterinnen und Dichter zog ihn früh insbesondere die Zusammenarbeit mit Musikern des Cool Jazz, Modern Jazz und wiedererwachten New-Orleans-Jazz an. »Jazz bietet Raum, und Raum bedeutet Freiheit«, erläutert er. »Jazz ist ein Ort, an dem das Räderwerk der Vorstellungskraft frei rotieren kann und der eine bestimmte Form der Meditation ermöglicht. Jazz bietet Gelegenheit zur Verinnerlichung.«

Jazz zeichnet für Komunyakaa vor allem zweierlei aus: seine Improvisation und sein bemerkenswertes Potenzial. »Man kann lernen und üben, Noten zu lesen und abzuspielen, was auf dem Blatt steht. Aber nur schwer lässt sich kapieren, gleichzeitig zu komponieren und spielerisch aufzugreifen, was passiert, wenn jemand improvisiert.« Er zieht eine Verbindung zum Schreiben: »Improvisation ist auch im Gedicht elementar. Um am vorwärtsdrängenden Drive einer Textpassage festzuhalten, bedarf es der Improvisation – erst in deren Folge stellen sich Gestaltung und Überarbeitung ein. Zu Überraschungen kommt es allein im improvisierten Moment.«

So kann es kaum verwundern, dass zu den zentralen Themen, um die Komunyakaas Gedichte kreisen, neben der Leidensgeschichte von Benachteiligten und Ausgegrenzten, der Verarbeitung von Kriegseindrücken und der Frage, was Glaube ist – woher er stammen und wohin er zu führen vermag –, die Musik zählt, Musik als inhaltlicher Antrieb, als alltagsprägendes Element, Lebendigkeit garantierendes Elixier. So auffällig es ist, wie selten Komunyakaa von sich und seinem Alltagsleben schreibt – wohl weil seine »Autofiktion« zeitlich viel ältere und weitere Horizonte in sich fasst –, so sehr verwundert die spielerische, ja tänzelnde Kraft, wenn er es wider Erwarten dennoch tut. Etwa in »Die Geschäftigkeit der Engel«:

Ich weiß nicht, wog ich je einen Stein auf

Mit einem gebrochenen Amselflügel, doch
Ich weiß, als mir die Frage durch den Sinn
Schwirrte, da stand ich gerade hier am
Küchenfenster & trocknete Geschirr ab.

Yusef Komunyakaa wurde 1947 als James William »Willie« Brown Jr.
in Bogalusa, Louisiana, geboren, sein Pseudonym wählte der Sohn
eines Zimmermanns nach eigener Aussage aufgrund des Namens
seines Großvaters und um die eigene sklavische Herkunft zu ver-
deutlichen. Komunyakaa war während des Vietnamkriegs Korres-
pondent, später Chefredakteur des Magazins *Southern Cross*, be-
vor er an den Universitäten von Colorado Springs und California-
Irvine sein Studium der Literatur und Literaturgeschichte abschloss.
    Seine frühen Gedichte verknüpfen persönliche Erzählungen,
Jazzrhythmen und Umgangssprache. Die *New York Times* beschrieb
ihn erstmals anders, als »wordsworthianisch« nämlich, seien seine
Gedichte, von denen viele auf persönlich Erlebtem, seiner Kindheit
und seiner Zeit in Vietnam fußen würden, doch oft schmerzlich
suggestiv, ohne aber eine allgemeine Lösung anzubieten – eine Zu-
schreibung, die, so zynisch sie ist, ins Herz von Komunyakaas poe-
tischem Ansatz trifft. Ist laut William Wordsworth doch das uns
alle Verbindende »one human heart«.
    Komunyakaas Frühwerk umfasst die Gedichtbände *Dedications
& Other Darkhorses* (1977) und *Lost in the Bonewheel Factory* (1979).
Breitere Anerkennung fand *Copacetic* (1984), ein Band, mit dem er
zu seinem charakteristischen Stil fand: Gesprochene Sprache, durch-
setzt mit synkopierten Rhythmen der Jazztradition. Für *I Apologize
for the Eyes in My Head* (1986) erhielt er den San Francisco Poetry
Center Award, für *Dien Cai Dau* (1988), eine Sammlung, die seine
Vietnam-Erfahrungen auf so drastische wie persönliche Weise
schildert, den Dark Room Poetry Prize. *Dien Cai Dau* gilt heute
als eine der bedeutendsten poetischen Darstellungen des Vietnam-
kriegs.

Für seinen Sammelband *Neon Vernacular: New and Selected Poems* wurde Komunyakaa 1994 der Pulitzer-Preis zugesprochen. Die Sammlung vereint zahlreiche Bilder vom Alltag in den Südstaaten und ihrer Kulturen, vom schwarzen Widerstand gegen die weiße Hierarchie, von Yusef Komunyakaas Kriegserlebnissen und seinen urbanen Erfahrungen, mit denen er auf vielfältige Weise Blues- und Jazz-Eindrücke verknüpft.

Aus Übersetzungen seiner weiteren Werke setzt sich vorliegender Band zusammen: *Talking Dirty to the Gods* (2001), *Taboo* (2004), *Love in the Time of War* (2005), *Warhorses* (2008), *The Chameleon Couch* (2012) und *The Emperor of Water Clocks* (2015). Hinzu kommen *Requiem* (2019), ein aus einem einzigen Satz bestehendes Langgedicht über die Verheerung von New Orleans durch den Hurrikan Katrina Ende August 2005, das Komunyakaa als Fragment betrachtet und dessen etwaige Fortsetzung er sich vorbehält, sowie späte, freiere, autobiografischere Gedichte, die als *Mojo Songs* erstmals 2021 erschienen. Seit der Jahrtausendwende wurde Yusef Komunyakaa unter anderem mit dem bedeutenden Wallace Stevens Award, dem Zbigniew Herbert International Literary Award und dem William Faulkner Prize der Université de Rennes ausgezeichnet. Währenddessen war er als Dozent für kreatives Schreiben an den Universitäten von New Orleans, Indiana und Princeton tätig. Mit heute über Mitte siebzig lehrt er noch immer, so als Distinguished Senior Poet im Graduate Creative Writing Program der NYU in New York.

Darstellungen von Krieg, Versklavung und Zerrüttung sind wie Sinnlichkeit, Gewalt und deren wechselseitiges Verhältnis Komunyakaas zentrale Anliegen geblieben. Dies verdeutlichen nicht nur sämtliche seiner Prosagedichte – für sich genommen Meisterwerke in der Rimbaud oder Trakl fortschreibenden Auslotung der Grenzen zwischen Vers und Satz –, sondern auch poetische Unikate wie »Der Helm«, »Das grüne Pferd«, »Edelmetalle« oder »Die Pilzsammler«. Indem Komunyakaa seine Poetologie von der sprechenden Gestalt auf längere Vers- und Strophenstrukturen ausdehnte, veränderte sich seine Dichtung seit 2000, und dies auf so verblüffende wie fulminante Weise. In seinem Rang als sowohl Neuerer wie Bewahrer zeitgenössischer Poesie muss er längst in einem Atemzug mit etwa Joseph Brodsky, Inger Christensen, Wisława Szymborska oder Tomas Venclova genannt werden.

Am deutlichsten wird dies in Anbetracht seiner syntaktisch wie rhythmisch aufs Engste verknappten, bagatellenartigen Objektgedichte vor allem aus dem 2001 erschienenen Band *Talking Dirty to the Gods* (dt. *Zoten für die Götter*). Komunyakaa widmet sich darin nicht nur der poetischen Schilderung von Maden, Schleimpilzen, einem Faultier, einem Wolf-Albino, der Daumenschraube, dem Staub, Ameisen, der Feile oder Krähen. Mit jedem einzelnen, sonettgleich aufs Schmalste reduzierten Gedicht wird diese Poetologie von Gestalt und Wesenhaftigkeit in ein dichterisches Sprechen übersetzt, das unvergleichliche, ja unvergessliche Bilder konturiert. Ästhetik ist dabei so irrelevant wie Empathie. Vielmehr geht es um das Herausarbeiten von Ähnlichkeiten, Wiedererkennbarem anhand von ähnlich erlebter Gewalt, Frustration und Demoralisierung, ebenso aber von Erstaunen angesichts der Schönheit im Winzigen, Unbedeutenden, oft kurzerhand Verlachten – wobei die moralische Pointe ausbleibt.

Wer Komunyakaa liest, ist aufgerufen, selbst herauszufinden, wieso es einem so nahegeht, wenn er etwa zu Beginn seines Gedichts »Venus von Willendorf« die titelgebende 30 000 Jahre alte Figurine auf vermeintlich unangemessene, beinahe herablassende Weise beschreibt:

Sie ist groß wie eine Männerfaust,
Groß wie ein Schwarzpfefferstreuer,
Gefüllt mit seinem Gris-gris-Staub,
Zwei dicken Gladiolenknollen gleich (…)

Realisiert man jedoch, dass dies mitnichten Vergleiche sind, so öffnet sich nicht nur das Gedicht, sondern steht auch das dargestellte Objekt als Gestalt und Wesen vor einem. Komunyakaa bindet aufgrund ihrer Historie, ihren Zuschreibungen und Überschreibungen für viele inzwischen allzu komplexe Gegenstände zurück an den von jedem und jeder Einzelnen erfahrbaren Alltag: »hager wie / Die Hoffnung & fest wie Reue« ist die Metallfeile für ihn. En passant wird klar, wie sehr es diesem internationalen Dichter par excellence – der im deutschen Sprachraum wohl als hoffnungsloser Traditionalist verrufen wäre – um poetische Überlieferung geht.

Die als Venus von Willendorf bekannte Plastik misst nur elf Zentimeter – ein winziges Zeugnis frühmenschlicher Kultur, uralter Gläubigkeit und Zuneigung, mithin ein alle Zeit und Vergänglichkeit überdauernder, überbrückender Gegenstand unseres Staunens. Als solcher steht er symbolisch auch für das Gedicht selbst, dessen sich wandelnder Geschichte und bedrohter Bedeutsamkeit sich Yusef Komunyakaa wie kaum ein anderer zeitgenössischer Dichter verpflichtet fühlt. Für ihn wurde diese archaische Venus

Aus einem Kalksteinbrocken gehauen
& geformt zur Blues-Sängerin.
Vor ihrer großen Kleinheit
Gehen wir auf die Knie.

So sehr sich die Formen und Spielarten seiner Gedichte in den vergangenen 25 Jahren verändert haben, so treu ist Komunyakaa seinen zentralen Ansätzen und Themen geblieben: Körper, Krieg, Konflikt und Musik. Gleich geblieben ist ebenso das Ziel, mit jedem poetischen Text ein wie ästhetisch so menschlich berührendes oder, wie man früher gesagt hätte, ein schönes Gedicht zu schreiben. Beispiele hierfür sind bei aller Unterschiedlichkeit die »Ode an die Oud« und der »Heavy Metal Monolog«, in dem es von GIs, die Bagdad einnehmen, heißt:

Es blitzte im Innern unserer Panzer aus Titanium,
& die Musik war beinahe heilig, auch wenn jetzt
aus unseren Trommelfellen das Blut sickerte.

Welchen kulturellen Narrativen oder alarmierend brutalen, mitunter apokalyptisch anmutenden Umständen sie auch immer entspringen – stets zielen diese Gedichte auf die Erinnerung stiftende, Lebendigkeit konstituierende Kraft der Musik.

»Er weigert sich, trivial zu sein – und findet Mut selbst zur Schönheit«, schrieb, einigermaßen konsterniert, die *New York Times Book Review* über ihn, und als man Komunyakaa einmal zum Verhältnis von Libretto und Lyrik befragte – Anlass war sein Text zu einer Oper über Charlie Parker –, antwortete er: »Ein gewichtiger Einwand spricht gegen die Vereinfachung, und was mich davon überzeugt hat, ist die Dichtung. Den menschlichen Verstand verlangt es fortwährend nach Herausforderung. Ich wollte der Dichtung die Stange halten.«

Der Gott der Landminen versammelt 58 in knapp einem Vierteljahrhundert entstandene, höchst unterschiedliche Gedichte Yusef Komunyakaas. Ihnen allen gemein ist eine so ungeheure, nicht selten schockierende Wucht, wie sie in der europäischen Dichtung der vergangenen Jahrzehnte nur selten zu lesen war. Die poetische Ausschilderung einer Theorie oder eines Konzepts liegt Komunyakaa fern. Im Zentrum sämtlicher seiner Gedichte steht ein einzelnes Wesen oder ein mit Lebendigkeit versehenes Objekt. Zu keiner Zeit ist hier irgendetwas bloß Gegenstand. Alles aber ist mit seiner sprechenden Gestalt, seinen unverwechselbaren Empfindungen und seiner im notwendigen Miteinander erfahrenen Zerrüttung ein bedeutsames Gegenüber.

Editorische Notiz und Danksagung

Vorliegender Ausgabe zugrunde liegt die Edition von Yusef Komunyakaas Gedichten *Everyday Mojo Songs of Earth. New and Selected Poems 2001–2021*, erschienen bei Farrar, Straus and Giroux, New York 2021. Neben einer Auswahl aus den Bänden *Talking Dirty to the Gods* (2001), *Taboo* (2004), *Love in the Time of War* (2005), *Warhorses* (2008), *The Chameleon Couch* (2012), *The Emperor of Water Clocks* (2015) und *Requiem* (2019) enthält sie unter dem Titel *Mojo Songs* neue, in Buchform bislang unveröffentlichte Gedichte, die Yusef Komunyakaa seit der Jahrtausendwende in den Magazinen und Zeitschriften Boston Review, Callaloo, The Fight & The Fiddle, The New Yorker, Oxford American, PEN America, Poem-a-Day, Poetry, The Progressive und Smithsonian veröffentlichte. Yusef Komunyakaa versteht sein Langgedicht *Requiem* über die Geschichte von New Orleans und die Verwüstung der Stadt durch den Hurrikan Katrina 2005 zwar als Fragment, lässt aber offen, ob er es fortsetzen wird. Ein erster Auszug erschien 2013 in *Angles of Ascent: A Norton Anthology of Contemporary African American Poetry* bei W. W. Norton, New York 2013.

Wer sich durch den Schnee stiehlt, die Übersetzung von Yusef Komunyakaas Prosagedicht *Skulking Across Snow*, entstand 2022 im Rahmen meiner Gastdozentur für literarisches Übersetzen an der Münchener Ludwig-Maximilians-Universität gemeinsam mit Sara Zaida Antón Barreneche, Audrey Delphendahl, Katharina Herzberger, Yvonne Ikram, Yvonne Ramp, Andrea Rang, Tina Shaw, Marion Thaler, Sabine Voss und Ariane Yoshihiro-Storm. Ihnen gilt ebenso mein inniger Dank wie Piero Salabè für seine lektorierende Begleitung.

Mirko Bonné
Hamburg und Volx im Luberon, Sommer 2023

Inhalt

I Talking Dirty to the Gods | Zoten für die Götter (2001)

Homo erectus | Homo erectus   8 | 9
Night Ritual | Nachtritual   10 | 11
Ode to the Maggot | Ode an die Made   12 | 13
Slime Molds | Schleimpilze   14 | 15
Sloth | Faultier   16 | 17
Scapegoat | Sündenbock   18 | 19
Venus of Willendorf | Venus von Willendorf   20 | 21
Slaves among Blades of Grass | Sklaven unter Grashalmen   22 | 23
Meditations on a Thumbscrew | Betrachtungen über
    eine Daumenschraube   24 | 25
Ode to Dust | Ode an den Staub   26 | 27
The Business of Angels | Die Geschäftigkeit der Engel   28 | 29
Lust | Lust   30 | 31
Ecstatic | Ekstatisch   32 | 33
Meditations on a File | Betrachtungen über eine Feile   34 | 35
The God of Land Mines | Der Gott der Landminen   36 | 37
Postscript to a Summer Night | Postskriptum zu einer
    Sommernacht   38 | 39
September | September   40 | 41
Crow Lingo | Krähenjargon   42 | 43
Mud | Dreck   44 | 45

II Taboo | Tabu (2004)

Lingo | Kauderwelsch   48 | 49
Imhotep | Imhotep   52 | 53
Bacchanal | Bacchanal   56 | 57
Nude Study | Aktstudie   58 | 59

III Love in the Time of War | Liebe in den Zeiten
     des Krieges (2005)

»The jawbone of an ass. A shank« |
  »Der Kieferknochen eines Esels. Ein Schenkel«   62 | 63
»It seems we all need something to kill« |
  »Es scheint, wir alle brauchen etwas, das wir töten«   64 | 65
»Did a Byzantine general intone *Ah!*« |
  »Rief ein byzantinischer General aus: ›Ah!‹«   66 | 67
»The matador hides the shiny sword« |
  »Der Matador verbirgt das blanke Schwert«   68 | 69
»Two memories filled the cockpit« |
  »Zwei Erinnerungen erfüllten das Cockpit«   70 | 71
»When our hands caress bullets & grenades« |
  »Liebkosen unsere Hände Kugeln & Granaten«   72 | 73
»A throng of boy soldiers dance« |
  »Ein Pulk von Kindersoldaten tanzt«   74 | 75
»I am Abeer Quassim Hamza al-Janabi« |
  »Ich bin Abeer Quassim Hamza al-Janabi«   76 | 77

IV Warhorses | Schlachtrösser (2008)

The Helmet | Der Helm   80 | 81
Grenade | Granate   82 | 83
Heavy Metal Soliloquy | Heavy Metal Monolog   84 | 85
The Devil Comes on Horseback | Der Teufel kommt
  zu Pferde   86 | 87
From »Autobiography of My Alter Ego« |
  Aus der Autobiografie meines Alter Egos   88 | 89

V   The Chameleon Couch | Die Chamäleon-Couch (2012)

A Translation of Silk | Eine Übersetzung von Seide   94 | 95
Black Figs | Schwarze Feigen   96 | 97
Poppies | Mohnblumen   98 | 99
How It Is | Wie es ist   100 | 101
A Voice on an Answering Machine | Eine Stimme auf
    einem Anrufbeantworter   104 | 105

VI   The Emperor of Water Clocks | Der Wasseruhrenkaiser (2015)

The Land of Cockaigne | Das Schlaraffenland   108 | 109
Turner's Great Tussle with Water | Turners großes Rangeln
    mit Wasser   110 | 111
Skulking Acrosss Snow | Wer sich durch den
    Schnee stiehlt   112 | 113
Rock Me, Mercy | Leg los, Erbarmen   114 | 115
Latitudes | Breitengrade   116 | 117
The Relic | Die Reliquie   118 | 119
The Gold Pistol | Die goldene Pistole   120 | 121
Minotaur | Minotaurus   122 | 123
Longitudes | Längengrade   124 | 125
The Green Horse | Das grüne Pferd   126 | 127
Ode to the Oud | Ode an die Oud   128 | 129
Precious Metals | Edelmetalle   130 | 131
The Work of Orpheus | Wie Orpheus arbeitet   132 | 133

VII   Requiem | Requiem (2019)   134 | 135

VIII   Mojo Songs | Mojo Songs (2021)

Shelter | Zuflucht   148 | 149
The Mushroom Gatherers | Die Pilzsammler   152 | 153
The Body Remembers | Der Körper erinnert sich   156 | 157

Die Musik war beinahe heilig
Nachwort von Mirko Bonné   161

Editorische Notiz und Danksagung   170

Die Stiftung Lyrik Kabinett unterhält in München die zweitgrößte auf Lyrik spezialisierte Bibliothek Europas mit aktuell ca. 72 000 Bänden, darunter zahlreiche hochwertige Künstlerbücher. Im Lyrik Kabinett finden regelmäßig Lesungen deutschsprachiger und internationaler Poesie statt, das Spektrum reicht dabei von der Antike bis in die Gegenwart. Die Stiftung führt kreative Programme an Schulen durch, sie fördert eine lebendige Lyrik-Szene genauso wie das Bewusstsein für literarische Traditionen über Sprach- und Kulturgrenzen hinweg.

Die Stiftung ist entstanden aus einer mäzenatischen Initiative und wird unterstützt durch einen Freundeskreis. Wenn Ihnen Gedichte und der Austausch über sie wichtig sind, besuchen Sie uns:

Stiftung Lyrik Kabinett
Amalienstraße 83a
80799 München

www.lyrik-kabinett.de
www.facebook.com/lyrikkabinett

Die in diesem Band versammelten Gedichte erschienen im
englischen Original 2021 unter dem Titel *EVERYDAY MOJO SONGS
OF EARTH: New and Selected Poems, 2001–2021* bei Farrar, Straus
and Giroux in New York.

Der Übersetzer dankt dem Deutschen Übersetzerfonds e. V.
für die großzügige Förderung.

hanser-literaturverlage.de

1. Auflage 2024

ISBN 978-3-446-27967-4
A selection of poems from EVERYDAY MOJO SONGS OF EARTH
by Yusef Komunyakaa
Copyright © 2021 by Yusef Komunyakaa
Published by arrangement with Farrar, Straus and Giroux, New York.
Alle Rechte der deutschen Ausgabe
© 2024 Carl Hanser Verlag GmbH & Co. KG, München
Umschlag: Peter-Andreas Hassiepen, München
Motiv: © Christie's Images/Bridgeman Images
Satz im Verlag
Druck und Bindung: Friedrich Pustet, Regensburg
Printed in Germany